上 海 家 长 学 校

家庭教育

"心"

智慧

贾 炜 主编

上海人民出版社
上海远东出版社

图书在版编目(CIP)数据

家庭教育"心"智慧/贾炜主编.—上海：上海远东
出版社,2023
ISBN 978 - 7 - 5476 - 1972 - 8

Ⅰ.①家…　Ⅱ.①贾…　Ⅲ.①家庭教育
Ⅳ.①G78

中国国家版本馆 CIP 数据核字(2024)第 008112 号

责任编辑　程云琦
封面设计　李　廉

**本书由上海开放大学
家庭教育教材开发与出版项目资助出版**

家庭教育"心"智慧
贾　炜 主编

出　　版　上海远东出版社
　　　　　（201101　上海市闵行区号景路 159 弄 C 座）
发　　行　上海人民出版社发行中心
印　　刷　上海信老印刷厂
开　　本　710×1000　1/16
印　　张　18.5
插　　页　4
字　　数　193,000
版　　次　2023 年 12 月第 1 版
印　　次　2023 年 12 月第 1 次印刷
ISBN 978 - 7 - 5476 - 1972 - 8/G・1197
定　　价　108.00 元

序 言

新时代父母需要"心"智慧

"天下之本在国，国之本在家"，中华民族自古以来重视家庭，家庭对于个人的成长有着启蒙性和终身性的作用，对于国家发展和社会进步有着基础性的作用。党的二十大报告提出"加强家庭家教家风建设"，不仅把家庭家教家风提升到社会文明的层面，更是对家庭提出了更高的要求，这意味着在重视家庭建设、家庭教育的基础上，要能够从传统的家庭文化中汲取经验、取其精华，能够在当前的家庭生活实践中勇于探索、推陈出新，推动家庭家教家风建设高质量发展。

我们为什么习惯说"家庭是孩子的第一所学校，父母是孩子的第一任老师"呢？因为每个人的人生都始于家庭，我们的一切发展都是以家庭的影响为基础，其中，对父母的依恋情感是我们接受家庭教育的逻辑起点。大多数人都是在家庭中学会说话、学会走路、学会吃饭……最早的人际关系也是发生在家庭中，我们如何待人接物、为人处世，都潜移默化地受到家庭的影响。

尽管家庭教育涉及方方面面,但是也有其侧重。正如《中华人民共和国家庭教育促进法》中所规定的:立德树人是家庭教育的根本任务。父母们普遍期望孩子成为一个有道德的人,可是实际的引导方式却往往与目标背道而驰。许多家长对孩子的要求往往是:"只要你把学习搞好了,别的什么都不用管。"这句有代表性的话一语道破症结所在。一个只知道学习,不会生活、不会关心他人的孩子,即使成为成绩优异的学霸,也难以真正成为有道德的人。因为道德绝不仅仅是学科知识,道德是在生活实践中逐渐形成的,如果缺乏生活实践,再美好的道德要求都可能成为空中楼阁。其实,我们只要回顾自身的成长经历,便不难发现正是那些刻骨铭心的体验,让我们自己明白了人世间的许多道理,也积累了珍贵的直接经验,而这恰恰是道德乃至价值观形成的坚实基础。由此可见,家庭教育是生活教育,家庭教育指导应以生活教育为本。所以,我们应该关心和支持孩子的学业,但这不应该成为家庭教育的唯一,家庭教育要引导孩子在生活实践中学会生存,学会做人,学会发展与创造。

教育之所以伟大,因为这是一种理性的爱。理性的爱成就强大的父母,也成就强大的子女。随着时代的进步,家庭教育越来越成为一种有目的、有意识的教育活动,新时代的父母需要有"心"智慧,"成长"应该作为新时代父母最本质的特征。当下,我们面对信息化的世界,面对几千年未有之大变局,更是面对在互联网时代长大的孩子,这些都对家庭教育带来新的挑战。所以,作为新时代的父母,我们有太多需要学习的知识与能力,父母与孩子一起创造美好生活,才是真正富有生命力的家庭教育。

　　每个家庭都有自己的教育方式，每个家长也会面临不同的教育困惑，而"对话"对于分析、解决家庭教育问题来说，不失为一种直接且有效的方式。《家庭教育"心"智慧》这本书缘起于《上海家长学校家长服务热线》电台节目，这一节目从2021年启动，邀请教育、心理、医学等领域的嘉宾与家长直接连线，针对家长提出的家庭教育问题，展开热烈的讨论，在你一言我一语中，很多家庭教育问题也就迎刃而解了。每期讨论的话题紧密结合《中华人民共和国家庭教育促进法》中提出的家庭教育六大内容，即爱国主义教育、道德品质培养、成长成才引导、身心健康教育、安全教育、劳动教育。例如，劳动教育的重要性，职业体验让孩子感受人生百味，体育锻炼带来潜移默化的影响，学前儿童居家生活如何安排，儿童暑期安全教育如何开展，怎样帮助孩子养成强大的内心……此外，电台节目里关于夫妻关系、祖辈关系、家庭氛围等也展开过专题讨论，不仅聚焦于孩子的成长，也注重整个家庭的增能。2021—2022年开展的40期电台节目都整理汇编在本书，书的最后还收集了来自幼儿园、小学、中学的家庭教育指导案例，汇聚成家庭教育"心"智慧实践报告，为"家校共育"提供了可借鉴、可参考的经验。

　　简而言之，评判家庭教育成败得失的一个关键指标，就是看家长是否能够承担起家庭教育的主体责任，能否坚持在生活实践中立德树人，这是《中华人民共和国家庭教育促进法》确立的重大原则与神圣使命。希望本书的出版能够助力广大家长朋友不断探索和实践，从心出发，注重自我成长与提升，更好地陪伴孩子、影响孩子,引领家庭教育回归与创造美好生活!

中国青少年研究中心二级研究员

中国家庭教育学会副会长

2023 年 12 月

目 录

家庭教育"心"智慧
2022

家庭教育"心"智慧实践报告

家庭教育"心"智慧

2021

"加减乘除",在节目中
也在家庭教育中

"加减乘除"——数学最基本的运算方式,来源于生活,应用于生活。这也是《上海家长学校家长服务热线》专题节目的打开方式,在节目访谈嘉宾们的分享声中传递给听众最中肯实用的家庭教育理念。

"加"。在设计专题节目的时候,我们就在思考如何既能满足大众家庭的实际需求,又能解决不同家庭的实际需求,所以每期选题都是孩子在不同成长阶段有可能面对的主要、大方向问题,由访谈嘉宾深入浅出地探讨分享,再接听热线电话就相关主题解答个性化问题,由此给更多的听众提供"1+1>2"的解决方案。

"减"。俗话说清官难断家务事,尤其碰到孩子的问题,就很有可能衍生出更多更复杂的问题,家庭矛盾由此产生。这个时候,有心的家庭成员会想到通过相关的渠道向专家求助,但这个过程往往要么复杂要么无从着手。我们的专题节目用一部热线电话架起了教育专家和听众两点之间的那条直线，化繁为简，用做减法的方式，让有需求的听众能够第一时间找到教育专家，并获得第一手的参考意见。

"乘"。家庭教育话题永远都是最热门的，为了让广大听众收获最全面的家庭教育方法，我们的专题节目邀请家庭教育领域中不同风格特点、不同教育方法、不同细分领域的专家做客直播间，听众们可以借鉴不同教育方式的优点，也可以按需收听适合自己家庭情况的专家建议，从而产生量变到质变的乘法效果。

"除"。在信息爆炸的时代，听众从不缺乏获取信息的渠道，所以我们的专题节目主打的就是权威性，上海开放大学、上海家长学校与上海人民广播电台"长三角之声"的强强联合，为广大听众率先剔除了所谓"砖家"们博眼球的观点，从教育专家智库中精选思想与表达兼具的嘉宾参与到节目中来，保证了节目的品质。

在家庭教育中又何尝不是经常遇到"加减乘除"的问题。如果你在家庭教育中遇到了难题，产生了烦恼，不妨听听空中电波中传出的声音，也许你就会豁然开朗……

张　新

上海人民广播电台长三角之声《上海家长学校家长服务热线》编导

上海市教科院普教所学生发展研究中心主任

学校高级心理咨询师、国家二级心理咨询师

王 枫

1.

家庭教育中母亲的角色定位

2021 年 5 月 9 日直播

　　家庭是孩子接受启蒙教育的第一站,家庭教育是教育的开端,关乎未成年人的健康成长和家庭的幸福安宁,也关乎国家发展、民族进步、社会稳定。母亲是孩子成长过程中的重要航标,影响着孩子的健康成长和未来发展。那么,母亲在家庭教育中究竟扮演怎样的角色?

　　主持人　《上海家长学校家长服务热线》节目邀请到来自上海市教科院普教所学生发展研究中心的王枫主任,和听众聊聊家庭教育中母亲的角色定位。

　　案例一　听众吴女士

　　我孩子刚进入初中,成绩有明显下滑,还出现了沉迷网络的情况。该如何与孩子沟通?要不要安排课外补习?

　　王枫　孩子进入新的学习阶段,各方面的要求都有所提升,这时孩子出现成绩波动是很正常的,家长要客观看待并及时沟通,了解孩子在学习上的困难,一起协商解决,如果孩子本身有强化的意愿,家长应该全力支持。此外,孩子沉迷网络也是在向家长发出信号——网络中可以感受到快乐,这时候家长要更多地去理解孩子的负担和压力,多一些同理心,与孩子平等地沟通交流。

案例二　听众王女士

孩子临近中考却出现了厌学的情况,现在休学在家,有时候会有胡言乱语的现象,该怎么与孩子进行沟通?

王枫　在和孩子的沟通上,家长需要注意方式方法。首先,孩子"胡言乱语"的情况必须引起重视,很有可能是因为压力过大产生心理健康问题。其次,孩子丧失学习兴趣的很大一部分原因是找不到学习的意义所在,建议家长从学习和未来发展关系的角度出发,通过教育观念的转变,让孩子更多地发现学习的乐趣和意义,感受到爱和力量。

案例三　听众曲女士

我孩子 8 岁了,依然做事拖拉,缺少自我约束力,该怎么办?

王枫　这个阶段是孩子行为习惯培养的关键阶段,家长要以身作则,通过正向引导的方式,改善孩子的行为习惯。给家长两个建议。第一,习惯培养"游戏化"。比如可以和孩子一起制定一个家庭作息表,让孩子具有规则意识,通过沟通的方式平等协商。第二,规则遵守的"奖励机制"。如果孩子能够很好地遵守规则,家长也应该适当地给予一些精神或者物质层面的奖励,来强化和固化孩子的行为;如果偶尔打破了规则,家长也要及时捕捉孩子的心理变化,倾听孩子的想法,有针对性地引导和修订规则。

家，永远是孩子避风的港湾，家庭教育中的很多问题，都是缘于没有"有效沟通"，正确及时地沟通交流是解决问题的法宝。母亲，凭借女性的特质可以给予孩子更多的关注、尊重和理解，用爱去感同身受，建立良好的家庭氛围，与孩子共同成长。

共青团上海市委员会 12355 青春在线心理咨询师、
国家二级心理咨询师

寿国英

2.

隔代教育的幸福与烦恼

2021 年 5 月 16 日直播

隔代教育是现代家庭教育中的普遍现象,一些年轻家长或因工作繁忙,或因特殊情况而把对孩子的教育、生活等责任全部交给了祖辈,这些祖父母们自觉地成为全面照顾第三代的"现代父母",那么隔代教育有哪些细节需要把握? 有哪些恰当的打开方式呢?

主持人 《上海家长学校家长服务热线》节目邀请国家二级心理咨询师寿国英老师,和听众一起聊聊隔代教育中的典型问题。

案例一 听众叶女士

孙子读书怕苦怕累,经常对老人乱发脾气。父母为了监督他学习,还在家里装了摄像头。作为祖辈,要怎么与孩子相处?

寿国英 孩子向老人发脾气的现象并不少见。由于祖辈长期宠爱,会让孩子把发脾气看作理所当然的事情。如果想要改正这个缺点,首先要把孩子当作一个独立的个体,用平等、尊重的方式,引导孩子正确地进行沟通引导,这样他也有方向去改正。

孩子怕苦怕累是因为他们缺少成功克服困难的经验。进行体育锻炼是很好的方式，可以让孩子在运动中独立面对挫折，而家长需要多给孩子一些鼓励，让他产生胜任感，孩子的动力也会随之增强。

安装摄像头监控孩子的行为会在很多家庭中出现，但这种做法是绝对不提倡的。监视意味着不被信任，而我们应该在尊重、信任孩子的前提下，对他进行正确、有效的引导。

案例二 听众张女士

孩子学习粗心马虎，还出现找同学代做家庭作业的情况。作为家长，要如何去与他沟通？

寿国英 首先，布置额外家庭作业的行为是有待商榷的。时间一久，孩子要么"磨洋工"，要么出现抵触情绪。这位家长的孩子就想到了"请人代做"的方法。其实做功课时的心情是很重要的，心甘情愿就会仔细、开心，如果本身不愿意的话，就会丧失主动性。所以建议家长多关注一下孩子的优点和可塑性，尊重他的选择。不要让孩子对学习产生恐惧心理，只要有所进步，能把知识点吸收学会，就值得表扬。

隔代教育是优缺点并存的，祖辈虽然是孩子成长过程中无私奉献的"大家长"，但是家庭教育的主要责任还是应由父辈来完成，祖辈在与孩子的相处中，应多一些平等沟通，少一些溺爱包办，所有家庭成员都可以为孩子快乐成长创造良好的环境。

共青团上海市委员会 12355 青春在线心理咨询师、
国家二级心理咨询师

金 小 燕

3.

如何纾解孩子的压力

2021 年 5 月 23 日直播

孩子在成长过程中会面对各种各样的压力。有些孩子会向父母倾诉，有些孩子会找到自己缓解压力的方式，但有些孩子选择默默承受，长此以往将给孩子的身心发展带来不利影响。作为家长，该如何发现孩子处于压力之中，又该如何帮助孩子纾解压力呢？

主持人 《上海家长学校家长服务热线》节目邀请到国家二级心理咨询师金小燕，和听众们一起探讨帮助孩子纾解压力的方式方法。

案例一 听众陈女士

我是一名幼儿园老师。有一次班级里有两个孩子在选拔中没有获得同学投票，其中一个孩子表现出了难过的情绪，另一个孩子没有任何反应。这让我意识到，孩子的有些情绪是能够被看见的，但有些却没有表现出来。后来我和全班小朋友们讨论了"特长"这个话题，取得了一定成效，但又出现了新的问题——有的孩子觉得自己没有特长而感到焦虑。想请教一下，有没有更好的方法帮助孩子们宣泄情绪，释放压力？

金小燕 首先，陈女士的做法是值得家长和老师学习借鉴的——我们要有一双善于观察的眼睛,而不是只利用发问的方式获取信息。很多压力真实发生在孩子的生活里,但家长并不一定能及时意识到,如何纾解孩子的压力是非常重要的。有些家长比较理性,在和孩子沟通的时候会表现得比较"直",并没有注意到技巧和方式。但如果用对了方法,孩子一旦接收到信息,转变起来也是非常快的。

案例二 听众周女士

女儿初三在读,会自己偷偷地哭,不愿意和家长沟通。每次问她的时候,她都说没事,但作为家长能感觉到她情绪的低落。这种情况下该如何与孩子沟通呢?

金小燕 我经常会问前来咨询的孩子们:"遇到情况,你愿意跟家长说吗?"有一部分孩子因为害怕父母担心,所以选择给家长展示阳光的一面,把不开心的部分悄悄藏起来。这也是家长与孩子沟通上常见的困难。或许家长可以换一些方式,比如通过老师或同学了解一下孩子在学校的情况,或者通过文字的方式和孩子沟通。

沟通要基于真实,家长可以告诉孩子自己的感受,让孩子知道你是理解他的,会站在他的角度体谅他。这样一来,他在准备好的时候,就会用他觉得适当的方式来和你沟通。在进行沟通的时候,可以从以下两点入手。

第一,如何解决现在的困难。

第二,寻找适当的方式。如果妈妈不是最合适的倾听人选,就可以引导他选择愿意倾诉的对象,比如心理老师、小伙伴等等。找到可以支持他的人,让他有倾诉的对象。

压力是孩子在成长中不可避免的，及时、恰当地沟通是纾解压力的一大法宝，家长要善于发现孩子的情绪变化，在不断尝试中摸索适合孩子的沟通方式和解压方式，用陪伴和爱守护成长。

国家职业心理咨询师、国家二级心理咨询师

张楚涵

如何帮助高考考生
调整心理状态

2021 年 5 月 30 日直播

高考对于很多家庭来说都是一场"硬仗",孩子的身心会出现不同程度的压力表现。在这样一个时间节点中,孩子要如何调整自己?家长、学校应该怎样营造积极轻松的氛围备战应考呢?

主持人 《上海家长学校家长服务热线》节目邀请到国家二级心理咨询师张楚涵老师,来和听众共同探讨应对高考压力的话题。

张楚涵 对于高考考生来说,最适宜的状态应该是"轻松应战",虽然情绪上的紧张是不可避免的。我接触的案例中最常见的是情绪焦虑引发的睡眠障碍,要么是睡不好,要么是睡眠质量比较差。给家长们两个建议。

第一,保持身体健康。注重饮食健康和情绪调节。

第二,保持情绪良好。无论孩子处在何种状态,家长都要用积极的语言,告诉孩子"要自信",家长也要保持这种状态去鼓励孩子。其实孩子的自信培养,非常重要的还是在于家庭,希望处在这个阶段的孩子,要坚定地相信自己。

案例一 听众康同学

我是一名高三学生，再过几天就要高考了，心里非常紧张。父母不会施加压力，但他们越是这样，我心里就越紧张，害怕考试的时候发挥失常。这个时候要如何去调整自己的心态呢？

张楚涵 这个问题是比较常见的。面对这种情况，首先要接受自己的焦虑，当你主观接受的时候反而不会那么焦虑了。但是当焦虑值比较高的时候，就需要寻找方法进行相应调整。

第一，适当做一些身体上的肌肉放松训练，保证良好的睡眠和身体状态，从而带来更好的情绪。

第二，要自信。首先要对自己有一个客观的评估，自信的养成是一个循序渐进的过程。在这里分享一个临床上的技巧：画树和人。树的舒展程度受到潜意识的影响，培养自信就是把自己画得越来越大，更加相信自己，这是一个心灵技巧方面的自我帮助。坚持画，在任何考试前都可以这样去做。

案例二 听众蒋老师

我是一名高三班主任，在临近高考这个时间点上，学生们大多数时候还是能够保持积极心态的，但也会看到一些孩子因为成绩波动而崩溃。作为老师，我平时会给学生多建立自信心、预留交流时间，让他们相互倾诉、宣泄，或者找老师交流。另外，我叮嘱家长在做好后勤保障的同时，多给予孩子适当的关心。尽管如此，仍有一部分学生在这个时候会出现逃避的心态，不想学习甚至不想去学校。面对这种情况，有没有更合适的方式帮助孩子树立积极心态呢？

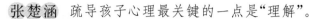

张楚涵 疏导孩子心理最关键的一点是"理解"。

第一，从父母的角度来说，这个时候一定要理解孩子的压力。很多父母面对孩子的焦虑，所给予的态度是完全否定的，认为孩子只要埋头学习，多刷题就够了。事实并非如此，逃避的孩子往往特别渴望理解，当你理解和鼓励的时候，孩子就会欣然往前走。所以作为父母要鼓励孩子做个勇敢的人。

第二，老师对于孩子的评价是相当重要的。临床中我遇到一位老师对孩子说"你也就是这个学校了"，这种"贴标签"的行为，对孩子来说其实是不小的打击。老师应该鼓励孩子不断努力，相信自己。

第三，孩子要理解自己，目光放远。成长过程中需要尊重，现在的努力不是为爸爸妈妈，也不是为老师，而是为自己赢得尊重，不断进步成长。当孩子理解了这个道理，自然就会去努力学习了。

作为家长、老师，不管孩子考得好还是不好，都要拥抱他、爱他、相信他；作为正在迎考的青少年们，要接受拥抱你们的父母，因为这个时候最关键的就是大家一起努力。

孩子的成长是顺其自然的事情，面对考试压力，家长、老师要学会倾听和理解孩子的情绪，在关键时候给予信任和鼓励，陪伴孩子共同跨过焦虑不安，积极拥抱未来。

北京师范大学中国公益研究院儿童社会工作中心专家

章淼榕

5.

培养孩子良好的竞争意识

2021 年 6 月 6 日直播

孩子的成绩总是家长们茶余饭后的热门话题,在无形中便制造了竞争。家长往往因自家孩子不如别人而感到焦虑,孩子在潜移默化中也会和别人比较。我们该如何从小引导孩子树立正确的竞争意识? 怎样的心态才算是良性的竞争状态呢?

主持人 《上海家长学校家长服务热线》节目邀请到北京师范大学中国公益研究院儿童社会工作中心专家章淼榕为大家解读"竞争意识"。

章淼榕 从本质来讲,每个孩子都天生具备竞争意识,都希望被看到、被关注、被肯定,这是心理上的本能。所以如果孩子出现逃避表现自我的情况,有两种可能,一种是孩子的本能没有得到培养和引导,还有一种是有受挫经验,导致孩子对于公开表现自己产生了退缩心理。还有些孩子在我们看来是过于表现自己,这也是个性上的问题,因为孩子的性格是不一样的。

案例一 听众费女士

我儿子今年六年级了,性格比较内向、敏感,竞争意识不是很强，对于学校活动也不是很感兴趣，但我觉得他应该有更多的空间或者舞台去展现自己，人生应该试着多拼搏一下，"不搏不精彩"。想听听专家的建议，作为家长，怎么做更合适？

章淼榕 其实这个现象在青春期男孩子身上是比较多见的，一方面孩子有了自我意识，不想被父母干涉；另一方面与孩子的个性有很大关系，根据孩子不同的性格，会呈现出不同的状态，比如说外向的孩子会尽可能地让别人看到自己，相对内向或者是慢热型的孩子，展现自己的步骤就会比较多，比如从幕后走到台前，就要经过很多的心理过程，不断去确定自己是否足够优秀。孩子想去展示的心理本能和表现出来的状态其实不是一个矛盾的关系，所以要根据孩子的性格进行不同的培养。每个孩子肯定有自己天生的优势和弱势，从他的能力或各方面表现去观察，尽量把他放在他擅长、容易出彩的领域，并给予他更多的肯定。

案例二 听众张女士

我女儿在班级评选大队干部时落选了，她觉得很失落，因为她觉得平时和大家玩得都挺好的，但为什么大家都没给她投票。我感觉可能和她的性格有关，她语言表达能力特别强，特别开朗。到底要怎么做才能让她既发挥自己的优势，又能够学会收敛？

章淼榕 这个问题也是具有普遍性的，孩子的个性就像硬币的两面，孩子成长需要学会平衡性格所带来的优势和弱势。对于张女士孩子的情况，首先要确定孩子是否认可她落选的原因在于性格不够平衡。家长可以帮她分析，但不要给她答案，让她试着自己去寻找，从而下定决心去做一些改善。

此外，人的性格是相对稳定的，孩子在改善的过程中势必遇到困难。这时家长可以辅助她做一些性格实验，比如要学会考虑到别人的感受，在表达之前要三思等，当她通过做一两件小实验之后，得到好的反馈，那么她就会形成对自己表现习惯的正向推动，强化被社会认可的行为表现。长久去做，性格就会逐渐趋于平衡。家长需要做的，就是从尊重出发给予引导，助力孩子形成良性竞争的意识。

孩子的人格塑造建立在良好的亲子关系之上，要多沟通、多陪伴、充分理解、及时察觉，根据孩子的性格特征和表现状态，有针对性地培养塑造，助力孩子树立良性的竞争意识。

上海市静安区家庭教育指导中心主任

陈小文

6.

家庭教育中父亲的角色定位

2021 年 6 月 20 日直播

父亲在家庭教育中有着举足轻重的地位，父亲的教育在孩子成长过程中具有无可取代的作用。那么父亲该如何在家庭教育中寻找自己的定位呢？父母的不同定位将给孩子的成长带来哪些潜移默化的影响？

主持人 《上海家长学校家长服务热线》节目邀请到上海市静安区家庭教育指导中心主任陈小文，和听众朋友们共同探讨父亲该如何定位自己的家庭角色。

陈小文 现在大家在聊天的时候经常会用到一个词，叫"丧偶式育儿"，就好像在家庭教育中都是妈妈冲在了前面。这其实是现代家庭教育中常见的现象。

爸爸在教育中的重要性是毋庸置疑的，那为什么还会让人产生这么多不满呢？

一是传统思想在作怪。从古至今，爸爸总是被贴上"主外"的标签，所以整个社会的传统性思维都认为爸爸应该在外工作，而不是在家里面围着孩子转。同样，这样的观念也会让爸爸觉得"如果我在这个家庭里面天天陪着孩子，那我的人生就不成功"或者"我是不是有点'娘'"。所以，爸爸有时候也会把自己抽离到家庭之外。

二是现在的家庭生活内容比较单一。比如孩子出生阶段主要是以哺育为主，这个时候爸爸往往是手忙脚乱的，能参与的工作很少；孩子再大一点的时候，就是以各种各样的文化学习或者兴趣班为主，这个时候爸爸往往不够耐心，也会找不到用武之地。我们曾经做过一个调查，在陪伴孩子的过程中，爸爸们普遍在一个项目上是超出的，那就是开车接送，所以当"司机"是爸爸们擅长的。

案例一 听众谭先生

我有一个刚上小学的女儿，出于健康考虑，我想带女儿多参加一些体育锻炼，但是孩子对此兴趣不大。有没有更好的引导方式？

陈小文 首先，这位爸爸的这个想法是值得表扬肯定的，现在很多孩子在运动上的时间是极其稀少的。其次，从性别角色来看，女孩总比男孩更文静一点。可以先听听女儿的想法，问问她喜欢什么样的运动或运动游戏。因为孩子现在还小，可以通过一些运动类的游戏培养孩子对运动的兴趣，比如说老鹰捉小鸡、钻爬爬圈、攀爬架之类，然后再寻找她比较喜欢的项目，成为她的陪练小伙伴。陪练的时候可以尝试和女儿从同一水平开始，共同进步，爸爸就可以成为推动她往前走的力量。

案例二 听众张先生

我有两个儿子，分别读三年级和初二。面对两个孩子的教育问题，我们家还是比较开明的，每个孩子都是一个独立的个体,所面临的情况也是多种多样,有时在将理论付诸实践的过程中还是会出现措手不及的情况,大儿子处在青春期,比较叛逆,从之前的仰视你到平视,现在开始俯视。想请教一下老师,处于这样的阶段,家长能做些什么?

陈小文 张先生的这个情况很像我们说的"青春期遇上更年期",与其说是孩子的"叛逆期",还不如说是孩子在成长过程中追求"存在感"。这个时候可以换一个眼光看待孩子的"叛逆",去感受孩子的成长,用平等的眼光和心态去对待他。虽然爸爸陪伴孩子的时间是相对少的,但可以传递给孩子一个信息:"我"虽然没有那么多时间来陪伴你,但是"我"在很积极地工作,努力提升家庭的生活质量。这样也会给孩子传递父亲尽责、敬业的态度,这样的态度同样是孩子非常重要的人生财富。

父爱如山,父亲对孩子的成长至关重要,也是家庭教育中不可或缺的一部分。多一点时间陪伴,主动融入家庭,助力孩子开拓视野、培养坚毅品格,这些都是送给孩子的一份让他终身受益的人生财富。

上海市宝山区教育学院心理教研员

蔡素文

7.

精彩的暑期生活

2021 年 6 月 27 日直播

暑假,是孩子们期待的快乐时光,也是很多家长眼中实现"弯道超车"的好机会。对于不同阶段的孩子来说,该如何合理安排暑假呢?是书山题海,还是行万里路?是放飞自我,还是沉浸在红色文化中接受熏陶?

主持人 《上海家长学校家长服务热线》节目邀请到上海市宝山区教育学院心理教研员蔡素文老师,和大家说说精彩的暑假生活该如何设计。

蔡素文 暑假应该具有休整、滋养和调整的功能。小朋友和家长应该坐在一起,聊聊哪些地方需要补给、哪些地方需要调整,要找到目标感和节奏感。即便是放假,我们也要将时间分解为"三段式"。

第一个阶段,家长可以允许孩子有那么一天、两天或者稍长的时间自主安排,然后家长在这个过程中做一个旁观者,看看孩子会如何管理自己的时间,他们会做些什么。孩子的掌控力来源之一就是他们对自己的管理。

第二个阶段,承前。和孩子一起回顾上学期获得了哪些经验,可能是失败后的经验,也可能是成功后的经验。家长要坐下来和孩子聊一聊,做一个带有好奇心的倾听者,谈一谈原因是什么,问题出在了哪里。

第三阶段,启后。和孩子探讨对新学期的一些期待,如果下一阶段涉及变化,比如孩子处在小升初阶段,那就要对初中的部分进行一些了解,包括环境、学习内容等等。虽然不主张太过前置的学习,但是提前做一些了解还是有必要的。

案例一 听众张女士

我的儿子开学上初二。有的家长觉得初二前的暑假是孩子赶超的最好时机,也有的家长说暑假就应该让孩子好好休息。到底家长应该帮助孩子建立一个怎样的意识?是不是应该结合孩子的情况做一些安排呢?

蔡素文 首先,家长要管理好自己的情绪状态。其次,就是如何让孩子爱上学习,全身心地投入学习。让孩子爱上学习,就要让他在学习的过程中获得一种掌控感和目标感。那么暑期计划该怎么制定呢?要注意"常态化",不要过分加压。管理学上有一个 SMART 原则,协助孩子制定一个可量化、可评估、可测量的计划,无论是哪个阶段的孩子,计划都应该要具体化。教育是一种细则的教育,没有细则就没有教育。计划一定不能含糊其词,要清晰、可测量、可评估,要让孩子在学习中产生愉悦感和掌控力,让他觉得这件事情是可以自己做主的,从中可以看到自己的优势和长处。所以在制定计划时,可以由易到难,从孩子的长处入手。

案例二 听众陈女士

孩子开学就要上初三了,可能是进入青春期的缘故,孩子最近和家长的沟通很少，任课老师反映孩子不够踏实努力，只是完成布置的任务，如果再努力一点，还是可以考上比较好的高中的。那么，应该趁着暑假给孩子报学习班补习功课，还是出去游玩一下改善亲子关系，想听听专家的意见。

蔡素文 要辩证地看待问题。"佛系"和"鸡血"之间要有一点"节奏感"，既要读万卷书，也要行万里路。孩子学知识的部分固然重要，但也不能没有喘息的机会。希望家长发现孩子的优势和长处，进行积极的价值引导。健康积极的亲子关系，往往也会成为孩子学习中积极的力量；改善亲子关系，其实对学习来讲是相辅相成的，可能会是加分项。

那么如何与孩子建立好链接，达成稳定、温暖、和谐的关系呢？首先家长在亲子互动中要全身心投入；其次要深度了解孩子。当我们努力做好自己的时候，链接会变得顺理成章。任何一个家长都是有资源的，比如有的家长比较吃苦耐劳，这是一个多么好的品质……够坚持、有勇气、很温柔、能包容，家长的这些闪光点是可以让孩子去习得的，这种资源是与生俱来的，可能孩子更看重的是这种内在的心理资本。

读万卷书，行万里路，在埋头苦学的同时，也要适当地出去走走。家长也可以利用这段假期时光，与孩子建立良好的亲子关系，合理安排假期时间，助力孩子再攀高峰。

宋庆龄儿童发展中心儿童阅读研究与指导专家

赵小华

8.

暑期阅读习惯养成记

2021 年 7 月 4 日直播

　　暑假是助力孩子养成良好阅读习惯的好时光,越来越多的父母意识到阅读的重要性。那么怎样去阅读? 如何选择书籍呢?

　　主持人 《上海家长学校家长服务热线》节目邀请到宋庆龄儿童发展中心儿童阅读研究与指导专家赵小华,和大家一起探讨阅读兴趣的建立和技巧。

　　赵小华 其实阅读是一件既有用也无用的事。我们为什么去阅读,最主要的还是阅读能够滋养孩子的心灵。孩子在阅读经典文学的过程中,能够变得聪慧、自信、坚韧、博大。这些看不见摸不着的,我们会说它"无用"吗? 其实也是"有用"的,因为如果一个孩子能够学会阅读,爱上阅读,他就可以自主学习了。所以我们讲阅读是"有用"的,并不是说为了考试多考几分,更多的是锻炼孩子的一种综合能力,比如记忆力、理解力、分析力、思辨力、写作能力、批判性思维等等。

　　案例一 听众丁先生
　　现在的图书资源是非常丰富的,如何帮助孩子利用好这些资源,丰富自己的生活和知识?

赵小华 我有一个非常好的朋友在上海少儿图书馆任职,我特地请教了他,有五条建议和大家一起分享。

第一,"打卡"各家图书馆,成为图书馆的小读者。

上海的中小学生凭电子学生证是可以在80%以上的公共图书馆借阅图书的;没有学生证,也可以凭身份证或者户口本办理读者证。平时家里会买好多书放在那儿,孩子觉得那已经是自己的物品、自己的财产了,什么时候想起来再读都是可以的,但这样想之后往往就想不起要去读了。如果是借来的书,因为有时间和数量的限制,那么孩子就会懂得珍惜。

第二,免费阅读合适的资源和媒介,与书籍交朋友。

图书馆里有海量的图书、期刊以及电子文本等资料,如今图书馆已经非常现代化、智能化了,到图书馆看书或查阅资料都非常方便。

第三,开启自己的兴趣或者研究之旅,秘诀就在书中。

如果小朋友对某一个问题感兴趣,那么不妨利用假期时间去研究这个问题,比如有的小朋友很喜欢昆虫,就可以在图书馆查找相关的书籍或者相关数据;再比如说有的小朋友喜欢研究中国历史,对三国时期的历史故事感兴趣,那么他就可以到图书馆去找到相关主题的书,帮助孩子成为一个小小的研究者。

第四,参加图书馆组织的各类阅读活动,共同分享阅读的美妙体验。

图书馆常常会举办各类阅读活动,尤其是适合少儿参与的阅读活动,比如作家见面会、主题读书会、读书竞赛等等。

第五,成为图书馆的志愿者。

做志愿者可以帮助更多的人爱上阅读。你不仅是一名读者，还是帮助别的小朋友爱上阅读的志愿者。

案例二 听众高女士

我的孩子在读小学。想请教老师，要如何培养孩子的阅读习惯？

赵小华 阅读习惯包含两层内容：一是每天有读书的习惯，二是阅读本身也有属于它的特定习惯。

首先，如何养成读书的习惯其实应该归入生活习惯的范畴。养成读书习惯，可以从制定阅读计划开始。根据孩子的特点，比如从每月读一两本书，每天读半小时开始，长期坚持，慢慢就会养成习惯，同时要提升孩子的阅读速度。此外，希望小朋友能够做到"不写不读"，适当地在书上勾勾画画，写一句话或者写推荐语和感受，要学会做笔记、批注，把这个动作当成读书的一个小小"仪式"。

学生的阅读经验越丰富、阅读能力越高，就越有利于各方面的学习。阅读能力直接关系到学生的理解能力、运用知识的能力以及表达能力的提升，而且对学生开阔视野、提高内涵、增加底蕴、放飞心灵有着重要的意义。

上海师范大学教师发展中心副教授

张艳辉

上海市嘉定区天华艺术幼儿园园长

金　洁

9.

劳动教育的重要性

2021 年 7 月 11 日直播

2020 年,党和国家为加强中小学生劳动教育,把劳动教育纳入人才培养全过程。但做值日生、帮父母做家务这些简单的劳动,已不足以让中小学生深刻理解劳动教育的内涵和外延。暑假里,如何结合学生实际布置恰当的劳动作业? 如何把劳动教育贯通不同学段,让教育形式"百花齐放"?

主持人 《上海家长学校家长服务热线》节目邀请到上海师范大学教师发展中心张艳辉副教授和上海市嘉定区天华艺术幼儿园园长金洁,和听众朋友们探讨劳动教育。

张艳辉 有一句老话叫"一白遮百丑",家长普遍觉得优异的学习成绩可以遮盖一切不足,但事实并非如此。劳动教育是很重要的,陶行知说过一句话:"滴自己的汗水,吃自己的饭,自己的事情自己干,靠人靠天靠祖宗,不算真好汉!"这句话教育孩子们要敬畏劳动,树立正确的劳动意识、劳动观。此外,相关研究表明,爱做家务的孩子,其合理规划的能力会比较强,在将来的工作中也容易占有一席之地,能够引起大家对他的重视和关注,自然而然地获得更多机会。

案例一 大学生听众

现在的劳动教育更多是像喊口号一样浮于表面,请问如何将劳动教育落地实践?

张艳辉 现在国家一直强调"五育并举",很多孩子从小就有德智体美劳全面发展的意识,但是大学生被提及劳动教育时,似乎没有找到抓手。其实劳动是分年龄段的,大学生有自己的专业特长,可以利用专业知识去做些事情,比如利用专业特长去做志愿者,既可以利用专业知识为社会做些实事,又可以借此巩固技能,当劳动和未来的工作结合在一起时,就会更加脚踏实地。

案例二 听众顾女士

我是一个中班孩子的妈妈,想通过劳动教育培养孩子吃苦耐劳、克服困难的坚强意志,也希望孩子从小能够独立自主,所以基本上都会要求孩子自己的事情自己做。可是每到这个时候,爷爷奶奶就会出面干预,让我们对孩子劳动教育的培养无法真正落实下去。遇到这种情况我们该怎么做?碰到老人干预要怎么办?

金洁 作为年轻的爸爸妈妈,你们的观念特别棒,其实祖辈有自己的担忧也很正常。我们先分析一下爷爷奶奶的想法,首先他们考虑到安全问题,其次还是觉得孩子年龄有点小。对此,我们可以先开一个家庭会议,把各自的想法说出来,统一观念,再进行家庭分工。祖辈有丰富的生活经验,可以支持孩子在家里做一些学习劳动的活动,比如可以教孩子如何剥玉米皮、用玉米须煮水等。实践一段时间之后,当爷爷奶奶看到孩子成长了,看到孩子能干了,观念肯定也会改变,这

样家庭会更和谐,也会更幸福。

劳动教育贯穿孩子的全年龄段,是培养孩子创新意识和动手能力的重要手段,从而培养学生全面发展。家长可以利用好假期时间,培养孩子的劳动意识,磨炼其性格,锻炼其能力。

上海蓝带厨艺职业技能培训学校校长、

教育部餐饮职业教育教学指导委员会副主任委员、

上海市职业教育协会副会长

李小华

10.

职业体验让孩子感受人生百味

2021 年 7 月 18 日直播

职业体验为孩子提供了一种有效接触各行各业的机会，学校、教育部门经常会利用各种机会安排孩子们参加职业体验。暑假里如何让孩子去参与职业体验？如何在职业体验中发现孩子的兴趣所在？

主持人 《上海家长学校家长服务热线》节目邀请到上海蓝带厨艺职业技能培训学校校长、教育部餐饮职业教育教学指导委员会副主任委员、上海市职业教育协会副会长李小华，和大家说说职业体验的益处。

李小华 要成为一次有效的职业体验，首先要能被记住。半年、一年之后，还能记住这个活动，那么它就是一项有趣又有深度的活动，它可能是快乐的，也可能是痛苦的。第二，这个体验要和平时的生活学习有一定对比性。比如体验的内容、方式、合作互动的情况都不一样。职业体验可能关注社会热点的东西比较多，更注重学生的心理需要。所以，一次好的职业体验，要看学生和家长参与的程度，把热情有效转化，才是体现有效性的重要标志。

案例一 听众方女士

我孩子目前十岁半,已经参加过很多类别的职业体验,比如小小服务员、航空体验、飞行员体验、消防员体验等等,孩子是很喜欢的。我一般都会鼓励他,因为孩子接触了解社会,还是要通过亲身体验去感知的。很多时候在电视或者书本上看到的都比较有限,当孩子进入某个职业领域之后,会有更多的认知,也会有自己的判断和预知。作为家长,在孩子的世界观、价值观、人生观形成的过程中,更多时候应该起到引导和支持的角色,所以我基本上都会给予肯定,比如说"非常棒,妈妈觉得你的想法很好,我们支持你"。所以孩子也会很乐意去往这方面做更深入的思考。

李小华 孩子现在十岁半,更值得关注的是能不能坚持下去,因为这个年龄段孩子的"志向"还是受外界的影响较大。年龄偏小的孩子,家长普遍是愿意支持的。现在难度比较大的是初高中的学生,因为他们面临升学压力等因素,考虑的现实问题更多,相对而言"做梦"就比较少。所以希望能够做初中学段学生的职业体验,能够使孩子真正对未来的职业生涯有所规划,从而满足其心理需要。

参加职业体验的方式有很多,暑期上海市教委组织的各种红色、人文、科技、体育、非遗等方面的活动,都可以纳入职业体验的范畴,关键是如何有效地设计项目和组织学生参与。当然,最有特色的应该是上海市教委组织的暑期职业体验夏令营,这个平台是按照职业体验的要求来设计活动课程的。我们学校也会开展职业体验活动,范围也比较广,包括工艺、技术、人工智能、电竞、非遗、文物修复、短视频制作、网络直播等等,都是现在学生比较喜欢或者说比较时尚的新兴职业。

案例二 阿基米德网友

我孩子目前上初三,学习不够用功,家里正商量要不要给他选择职校。对于孩子这样的情况,可以从哪些方面去考量呢?

李小华 首先,要尊重孩子的需求和职业心理。我有一个学生,文化课学习成绩是不错的,但在参加了一次职业体验之后,发现自己对文物修复很感兴趣,后来就报名读了我们学校中高职贯通的文物修复专业,现在已经拥有了一家创业公司。还有一个学生是学电竞的,最近也成功签约了公司。

其实,不建议家长按照成人的眼光去强迫孩子应该做什么,而是更多地要让孩子自己去了解、去选择。现在新经济发展很快,传统专业和数字化的融合衍生出非常多的新型岗位。如果孩子恰好喜欢或者比较适合,就可以选择这样的一所学校。现在中本贯通、中高职贯通体系的纵向衔接在全国都是非常好的。

很多家长会认为孩子选择职校是因为成绩不好的无奈之举,但其实职业教育是一个类型教育,学习方式是基于具体工作任务开展的,是基于解决真实问题的学习,对于动手能力强的孩子来说,可能是更适合的学习方式。条条大道通罗马,希望每个人的职业生涯都可以按照他的心理需要、职业能力、志向和梦想去发展。

职业体验可以让孩子培养团队意识,帮助孩子树立正确的世界观、价值观、人生观。家长要尊重孩子的需求和职业心理,鼓励、支持孩子接触社会,拓展兴趣。

上海市文建中学校长

黄振懿

11.

合理使用电子产品

2021 年 7 月 25 日直播

移动端的发展给我们的生活提供了很多便利,渐渐地很多家长发现孩子也会像大人一样喜欢看手机、迷恋网络了。在孩子认知不够成熟的时候,该如何引导孩子正确使用手机、网络,合理分配使用电子产品的时间呢?

主持人 《上海家长学校家长服务热线》节目邀请到上海市文建中学校长黄振懿,和大家说说电子产品的合理使用这个话题。

案例一 听众张女士

孩子最近特别沉迷于手机,但是处在青春期阶段,交流上需要注意方式方法,想请教一下专家,现在这种情况,怎么对待孩子会比较好一点?

黄振懿 这是一个比较典型的状况,能感受到家长担心孩子的身体和学业。有这样几个方面需要注意。

第一,一般情况下孩子玩游戏的时长和个人压力是成正比的。如果沉浸其中是最放松的状态,那么他会得到充分的缓压和释放。如果这时候家长选择用"命令"来要求孩子,孩子不可避免地会产生叛逆情绪,现在这个阶段应该逐步发展为

"协议式",有商有量。《礼记·学记》里面有一句话叫"禁于未发之谓豫",就是说有约定要定在事情发生的前面,比如孩子玩手机,什么时候开始,什么时候结束,多少时间结束等等,都可以有约在先。

第二,青春期孩子的家长一定要学会"示弱",太强势的爸爸妈妈遇上青春期的孩子,是很容易产生矛盾的,即便暂时可能压制住了孩子,在未来还是会产生一些问题,所以建议家长要多陪伴孩子,在陪伴或协助中让孩子有成就感,自然而然就会把孩子从电子产品中"赢"出来,让他亲近自然、融入社会,这也是从综合素养角度去培养孩子的一个要求。

案例二　听众王先生

孩子缺乏自控力,没人看管时就会用电子产品玩游戏,很担心他因此近视、耽误学习。想请教一下专家,要如何与孩子达成协议?

黄振懿　很多家长往往还是以一种管教的角色去"抓"孩子。在这里,从规则协议的角度和家长分享一些方式方法。

第一,要信任自己的孩子。家长可以制定规则,但最后说一句"我相信你自己会处理好",然后给他一点时间。孩子都是有羞耻感的,如果家长与孩子有约在先,而孩子发现自己违背约定的话,其实内心也会很纠结。这时可以让他完成游戏活动时间,再明确告诉他这样的行为违约了。这时候违约是双方共同认识到的,这一点很重要,相信以后孩子会慢慢产生自律的行为。

第二,建议把电子产品放到家庭的公共区域。在家里有一个大家集中办公和娱乐的场所，便于家长和孩子做好互相监督、学习。孩子在娱乐的时候家长也可以娱乐，孩子在学习的时候家长也可以工作和学习。

第三，制定规则是个技术活。生活中实施批评教育的家长比较多，比如，成年人都知道过马路要走人行横道线，可还是有很多人会横穿马路。这个例子恰恰证明，在与孩子制定规则的时候一定要明确细节，可以分几步走：第一步，告诉他违约超时是一个不好的行为；第二步，要表明立场，不接受违约超时，这是作为家长的立场；第三步，如果违约超时了，要承担相应的后果；第四步，要告诉孩子可以选择不超时，也可以选择超时，这个时候其实是一种尊重，而不是一种要求；第五步，如果孩子超时了，家长应宽容面对，但要承担后果。宽容是因为我们是家人，执行是因为有规则。这样一套程序下来，规则的建立就比较完整了，在这种情况下，孩子不会跟你讨价还价，不会不肯面对惩罚，也不会因为执行不了而把规则荒废了。

在执行规则的时候，也要注意方式方法，给大家三点建议。

第一，尊重孩子的自我同一性需求，拒绝"贴标签"。青春期孩子从成长的角度来说，他有一个自我同一性需求。孩子会从周边的评价中来认识自己，在这个过程中，家庭的导向，学校、同辈群体的导向都是非常重要的。这时家长如果用一个电子产品的矛盾来指责孩子的话，孩子是非常不能接受的。

第二，从信任、尊重的角度真正理解孩子的需求。其实孩子依赖网络游戏的时候，往往是在排解内心的压力，这时家长应该去寻找这个压力的源头。这种寻找是有助于整个家庭成长的,在孩子成长过程中出现的一些问题都会因此迎刃而解。

第三,对于孩子的问题,要疏堵结合。家长在更多的时候应该相信、尊重孩子。因为他们在成人的过程中,正在经历我们曾经的经历,当然也可能是我们未曾体验过的,这时候我们不能替代他,应该选择相信和尊重,放手让他们去做,我们始终陪伴是最好的选择。

随着信息时代的到来,孩子不可避免地会接触手机等电子产品,家长如果能够正确看待手机使用,并通过科学的家庭教育方法合理引导,制定规则,就能既培养孩子自主管理的能力,又发挥出手机等信息设备的有用之处。

上海市文来中学副校长

韩 波

12.

体育锻炼带来潜移默化的影响

2021 年 8 月 8 日直播

人们对于健康越来越重视,对于身体素质的要求也越来越高,体育健身越来越成为全年龄段强健体魄的方式,尤其是青少年正处于长身体的阶段,合理的体育锻炼对于他们的身心发展大有益处。如何利用暑期安排合理的体育锻炼呢? 有哪些活动是适合亲子运动的呢?

主持人 《上海家长学校家长服务热线》节目邀请到上海市文来中学副校长韩波,和大家共同探讨体育锻炼将带给孩子潜移默化的影响。

案例一 听众赵先生

现在家长都很重视孩子的体育锻炼,而且中考体育也有体育与健康科目的各种项目选择,孩子应该如何选择体育的中考科目? 怎样从平时的体育运动中捕捉到孩子某方面的兴趣,进而发展到特长,最后让特长陪伴他的终身呢?

韩波 目前中考体育分成四个大类,第一个比较重要的就是耐力类,耐力主要涉及人的心血管功能、心肺功能,这些指标对于人的一生发展都是重要的;第二个是体能类,比如50米跑、立定跳远、引体向上、实心球、仰卧起坐等等,是要考验身体素质方面的;第三个是球类,主要是篮排足三大球。还有一类是技能类的,包含体操的单杠、双杠、垫上运动,武术以及一些小球类,现在把羽毛球、乒乓球、网球也纳入考试内容。

家长可以从孩子的运动经历、运动兴趣方面着手,还要结合孩子的身体素质。比如体能类项目,如果一个孩子爆发力特别好,他的短跑成绩就会好,那么他选50米、选立定跳远或实心球的话,相对容易出成绩。再如耐力跑这个项目,包含1000米跑、800米跑、200米游泳、4分钟跳绳,家长可以根据实际情况来选择,如果孩子从小有游泳方面的训练,就可以选游泳。如果没有特长,可以选择4分钟跳绳。跳绳不受时间和天气的限制,可以一直保持练习。

案例二 阿基米德网友

有什么亲子体育项目推荐吗?

韩波 第一,亲子运动与孩子的成长环境和平台有关系,最初的环境一定是从家庭来的,家长喜欢踢球就会带孩子走入足球的场景氛围中去,所以在家里面其实爸爸妈妈喜欢的、擅长的项目就可能变成亲子体育运动项目。

第二,孩子喜欢的项目也能成为亲子运动项目。孩子通过各种渠道有可能接触到一些项目,家长需要关注孩子这方面的兴趣走向,然后带着孩子一起参与。

第三,家长和孩子可以共同开发一个项目。比如有个同学喜欢打羽毛球,因为疫情防控,不便户外活动,这名同学的爸爸就在家里拉了一根线,父子俩在家里打比赛。开学之后,孩子打羽毛球的能力自然有一些提升。羽毛球、乒乓球都是不错的选择。喜欢跳舞的就选健美操、啦啦操、街舞。此外，如果有比较强的健身意识，家里可以设置一些简易器材，比如可伸缩的罗马椅，锻炼背部肌肉的仰卧板，也可以是弹力绳。孩子有任何一点点运动的欲望，家长都可以和孩子共同去完成。

体育锻炼不仅是身体的锻炼、大脑的锻炼，也是意志和性格的锻炼。体育运动能克服某些不良行为，使孩子的性格开朗、活泼、乐观。

上海交通大学医学院附属上海儿童医学中心眼科副主任医师

渠继芳

13.

预防"小眼镜"从科学用眼开始

2021 年 8 月 15 日直播

青少年的近视问题已经成为全社会共同关注的话题,帮助孩子不近视和近视不加深是学生自己、学生家长和全社会共同的责任。那么怎样的用眼方式才是正确的?有哪些手段可以减缓近视的加深呢?

主持人 《上海家长学校家长服务热线》节目邀请到上海交通大学医学院附属上海儿童医学中心眼科副主任医师渠继芳,和大家共同探讨孩子的科学用眼习惯如何养成。

案例一 听众张女士

我孩子今年 10 岁,佩戴 OK 镜一年了,戴镜前视力在 100、150 度左右,定期复查的结果也是比较好的,但孩子有时候晚上不太想戴,如果偶尔有那么一两天不戴的话,对视力的维持会有什么影响吗?戴了 OK 镜,度数就一定不会涨了吗?OK 镜要戴到几岁呢?

渠继芳 OK 镜(角膜塑形镜)是目前一个很成熟的产品,对近视控制的效果是确定的。第一,张女士的孩子近视度数较低,所以有时候一天不戴,也还是看得清的,久而久之孩子就会偷懒。但近视控制是需要长期坚持的,孩子年龄较小,未到安全年龄(一般安全年龄至少要 14 岁左右),所以不大建议戴镜断断续续。

第二,建议带孩子复查的时候,不能以视力为单一指标去判断近视水平,要增加一些客观指标,比如眼轴检查等。多指标检查可以让结果更加准确。家长可以多与医生交流孩子的情况,以便更好地控制近视。

第三,关于戴 OK 镜之后度数还会不会涨的问题。一般来说,角膜塑形镜的总体有效率是 50% 至 70%,并不是佩戴之后就完全不会增长近视度数,只是能够减缓度数增加。当然也有一部分人在佩戴后不再增加度数,但是也有一部分人是没有效果的,这要看个体差异。

第四,关于 OK 镜要佩戴到什么时候,其实如果孩子愿意佩戴,复查情况很好,近视控制有效的话,至少可以戴到 18 岁。其间要定期复查,确保戴镜安全、控制有效,还要参考一些角膜参数,因为 OK 镜毕竟是隐形眼镜,会造成相对的眼表缺氧。如果定期进行角膜安全性检查,参数都在正常范围之内的话,就不妨戴到 18 岁,这样对近视会有一个长期稳定的控制。

案例二 阿基米德网友

我孩子上小学四年级,检查结果是屈光不正,左右眼都是 50 度,接下来怎么控制近视会比较合适?感觉孩子用眼习惯不太好,除了纠正用眼习惯之外,有没有什么别的办法呢?

渠继芳 这种情况也属于近视早发。OK 镜一般是从 100 度左右近视开始戴的,若度数太浅,OK 镜造成的压迫量不够,效果不好,所以这个度数不主张佩戴 OK 镜。

这时候可以从"防"和"控"两个角度来控制近视。首先是正确的用眼习惯。日常生活中,第一,做到"四要四不要",读书写字"一尺一拳一寸"等等,都是很有道理的。包括现在国家鼓励的一个"20/20"法则:看近 20 分钟,要看远(6 米以外)20 秒。其实,最好还是看远方 1 至 2 分钟更妥当,让眼睛彻底放松一下。

第二,从光线的角度来说做到"亮如白昼"。有的家长会说,太亮反光是不是对孩子有影响?其实只要阅读区域没有明显反光就可以了。推荐家长买一个照度计来测试一下环境光,近视的孩子光线一般要保证到 500 个亮度单位。如果觉得太亮,也可以买好一点的护眼灯,让孩子慢慢适应,但是基本的亮度单位要达到。

第三,足够的户外活动。这里的"户外"不单单是指阳光下,阴天也是可以的,但是不要在晚上,晚上没有光,就失去了户外的意义。孩子在户外能够看得远,使眼睛得到充分放松。

说完"防",那近视之后要怎么控制呢?要根据孩子的用眼环境来选择,一般的低度近视有"防控三大法宝"。

第一,角膜塑形镜(隐形眼镜),也就是我们说的 OK 镜。

第二,低浓度阿托品(眼药水)。它对近视的控制效果是不错的,适合低度数或者高度数却不适合戴 OK 镜的孩子。甚至有时候会把两者叠加起来使用,具体选择要遵循医嘱。

第三,周边离焦镜(框架眼镜)。它的镜片设计与传统镜片是完全颠覆的,中间很清楚,边上不清楚,这样造成清晰区域的强大落差,从而造成近视离焦效应,是一种从光学上控制近视的方法。对于近视控制的效果目前还在临床试验中,但总体来说肯定比普通框架镜片要好。

　　眼睛是心灵的窗户,近视控制需要父母、老师、医生、孩子多方协同进行,长期坚持、定期复查、从"防""控"出发,养成科学用眼好习惯。

华东师范大学第四附属中学校长

眭定忠

14.

开学前的准备工作
考验家长智慧

2021 年 8 月 22 日直播

两个月的暑假时光接近尾声,再过一个星期就要开学了。有的家长感叹孩子在这个假期的成长,也有的家长在阿基米德后台私信节目组吐槽孩子的"长不大"。那么在开学前的这段时间,家长该如何同孩子一起调节呢? 从生活习惯到心理建设,都该如何做呢?

主持人 《上海家长学校家长服务热线》节目邀请到华东师范大学第四附属中学校长眭定忠,和大家共同探讨开学前的准备工作。

案例一 听众盛女士

我孩子开学就上预初,比较顽皮,属于被动接受学习型。开学在即,孩子需要做哪些调整? 作为家长,我们需要做哪些配合?

眭定忠 开学前的准备可以从调整生活状态开始,从以下几方面入手,逐步调整。

第一,调整作息时间。很多孩子在假期习惯了晚睡晚起,开学后马上恢复到学校的作息时间,可能会不太习惯。为了避免在开学第一周难以适应,建议家长提前进行作息时间的调整,注意策略、循序渐进。比如平时是 10:30 睡,那今天 10 点就睡,明天 9:30 睡。起床也是一样。让孩子适应这样的节奏,调整起来就会相对容易。

第二,调整饮食结构。有时候我们会发现,一个暑假过去,孩子胖了一圈,上体育课跑不动了。所以建议在开学前,固定一日三餐的时间,食物以清淡为主。

第三,督促孩子适度进行体育锻炼。运动有助于孩子恢复体力,开学回到学校以后就能够无缝衔接。

其实与其说是"准备",不如说是保持正常的生活节奏。只要长期形成良好的习惯,在开学前一周就不会紧张焦虑了。

案例二　听众孙女士

我有两个女儿,一个面临幼升小,另一个在上小学四年级。针对不同年龄段的孩子,开学前的准备工作有什么不同,分别要做些什么呢?

眭定忠　其实对大部分同学而言,四年级不需要面临新的学习环境,这时候家长应更多关注孩子的学习状态。可以适度地关心一下孩子假期作业的完成情况,或者了解一下新学期的课程,适当预习,提升孩子对新学期的兴趣。还可以通过不同的方式给到孩子一些信心,比如鼓励孩子去制定新学期计划之类,让他对新学期有一种仪式感。

对于幼升小的孩子,家长也不必过于焦虑。开学的第一个月是"幼小衔接期",学校会通过一些课程和活动帮助孩子慢慢进入新的学习环境和状态。况且家长的焦虑在一定程度上也会影响孩子的情绪,所以对于幼小衔接阶段的家长,有以

下几点建议。

第一，不要过于焦虑。稳定的情绪状态能够给孩子良好的言传身教。

第二，建议适度培养孩子的时间观念。进入小学之后，有既定的上课时间，通常30至35分钟时间之内不能随意走动。这方面是家长可以去提前培养的。

第三，准备一些学习用品，比如包书纸、新文具，让孩子对于开学有一些仪式感，也会让孩子对新学期有所期待。

第四，关注孩子生活习惯的培养。比如说懂得倾听、能够完整地说一句话，而不是认识多少字。我曾经在操场上碰到一个孩子，他的鞋带松了，我就说："小朋友，你的鞋带松了。"这个孩子却直接把脚往前一伸。我猜想这可能是他在家里习惯做的动作——鞋带松了，就让大人帮忙系。这就是我认为的"没有做好准备"。

要准备的事情，其实就是一些生活习惯，比如自理能力、倾听能力、表达能力等等，而不是说能做对100以内的加减乘除就是准备好了。所以建议家长，不需要过多担心孩子的知识储备方面，更应该把习惯、兴趣放在前面。让孩子感觉到去学校是很开心的，当有了兴趣和好习惯之后，其他问题也就迎刃而解了。

案例三 听众徐女士

我有两个儿子，一个幼升小，一个即将进入青春期，那么在心理上家长要不要跟孩子强调开学？这会不会激发孩子不想去学校的情绪？为什么有的孩子会对开学有抵触情绪呢？

眭定忠 这就是我们说的"假期综合征",其实是正常现象,毕竟经过两个月的暑假,孩子的身心都沉浸在假期的舒适之中。所以适当地提醒是必要的,这有助于孩子后续进入到开学的状态。家长要做的是"温柔而坚定"的正面管教,千万不要因为孩子可能会产生情绪波动就不提醒他了。从长时间的舒适区中走出,有一定情绪是很正常的,使用积极的方式去帮助孩子调整情绪,面对开学,才是正确的。方法有很多,比如:对待孩子的情绪宣泄,家长能够耐心倾听并表示理解;制造开学的小仪式感,让孩子充满期待;等等。其实家长只要稍微用点心思,耐心一点,就能够让孩子比较好地回归新学期。

新学期、新气象。家长可以提前帮助孩子适应新学期的学习和生活,养成良好习惯,适度进行体育锻炼,培养时间观念和自理能力,同时多多沟通,尊重孩子的想法,共同面对新挑战。

国家职业心理咨询师、国家二级心理咨询师

张楚涵

15.

"开学第一课"家长提问
答疑：小学篇

2021 年 8 月 29 日直播

新学期即将开始,上海家长学校和上海教育电视台共同打造三期"一起来成长——上海家长学校开学第一课"系列节目,聚焦小学、初中和高中学年段,和家长一起寻找唤醒孩子成长动力的有效方法,探讨如何应对孩子在成长过程中所面临的身体、心理问题,帮助孩子更好地成长。

主持人 《上海家长学校家长服务热线》节目汇总了播出后听众的留言提问,邀请到国家职业心理咨询师、国家二级心理咨询师张楚涵为大家一一解答并分享其中的技巧。

问题一 孩子学习不主动、做事拖拉、不听话,该怎么办?

张楚涵 "孩子不听话"是一个比较笼统的概念,很多父母希望孩子对自己言听计从,可是"怎么听"是很关键的。建议家长要有一个心理准备,孩子不听话是必然会出现的,家长要知道的是,哪些话是必须听的,哪些是可以放过的,这样在要求孩子听话的过程中也会放松一点,不要用情绪处理问题,遇到"针尖对麦芒"的时候,彼此后退一步,矛盾就不会升级了。经常能听到家长说"你这孩子不服管教""你是不是又犯病了"，这时我就会去纠正这些父母，不要用锋利的话语给孩子"贴标签"。父母对孩子的控制欲是比较强，当"不服管教"这样的语言出现时，矛盾就激发了，所以家长在沟通的时候要控制好情绪。

问题二 孩子上学之后还能看电视吗？看电视会不会影响学习？

张楚涵 对于现在这个时代来说，专业的建议是可以看。这个"可以看"的要求是内容积极、时间适度。家长不要把看电视、用手机想得那么可怕，家长要与时俱进，选择接纳。在看电视时一起选择观看内容、约定时间，比如今天看半个小时可不可以。家长要与孩子友好协商，养成良好的习惯和态度。

问题三 陪孩子写作业一直是让家长头疼的事，如何让孩子养成独立思考和学习的能力？

张楚涵 其实家长的陪伴并不影响孩子锻炼独立思考的能力。家长要知道孩子让你陪的是什么，不一定要你辅导我，而是一种情感依赖。所以建议陪在孩子旁边，不用去指挥、监督他，而是让孩子感受到陪伴带来的温馨氛围和安全感。家长哪怕是坐在边上看书或者做自己的事情，孩子都会很开心。尤其是低龄儿童，他的好多想法或习惯希望征求爸爸妈妈意见的时候，家长是应该给予的。所以，陪伴和培养独立思考的能力其实是不矛盾的，我们要相信爱的力量。

问题四 "双减"政策推出后，孩子的作业逐渐减少，回家之后还要不要学习？

张楚涵 "双减"政策推出后，家长会担心孩子学得不够多，回家之后布置额外的作业。建议家长不要着急，慢慢来。其实除了课业学习，回家之后可以做的事情还有很多，比如和孩子一起运动、散步或者下棋、读书，甚至一起看一部电影等等。孩子的阅历丰富了，未来成长的空间也会更广阔。

问题五 孩子对电子产品越发依赖，本来是用来学习的，但无人看管就会开小差去玩游戏，还要给孩子配电子产品吗？

张楚涵 孩子在学习的时候跳开玩别的，家长发现之后第一反应是很失望，表现出的是不信任，甚至有的家长开始使用监控设备。我建议最好不要，虽然孩子辜负了你的信任，但家长还是要跟孩子好好沟通，重新建立信任。最好的解决方式是劳逸结合，给孩子多余的释放空间去达到心理满足，只要时间掌控得好，我相信接下来学习的专注力会大大提升。

问题六 孩子不愿意和外界沟通怎么办？作为家长要如何引导孩子建立人际关系？

张楚涵 孩子越到青春期，人际关系问题就会更加明显。家长一定要意识到家长是打开孩子人际交往的第一把钥匙，并且在生活中注意与孩子的交流相处，比如遇到问题该怎么处理，与朋友相处是怎么样的，等等。怎么去引导很重要，如果你觉得孩子没有很好的朋友会孤单，就要多问一问为什么,去主动沟通了解,不能把事情停留在"我认为"的层面上,否则等孩子到青春期的时候就很少有聊天的机会了,孩子就不愿意再和家长沟通了。

开学适应的最关键之处在于"循序渐进",家长不必在一开学就给孩子过多的压力,而是应当陪伴他们在积极的情绪状态下,慢慢适应并开启快乐的新学期。

上海市风华中学心理健康教育中心主任、

心理健康教育正高级教师

曹凤莲

16.

"开学第一课"家长提问
答疑：初高中篇

2021 年 9 月 5 日直播

新学期即将开始，上海家长学校和上海教育电视台共同打造三期"一起来成长——上海家长学校开学第一课"系列节目，聚焦小学、初中和高中学年段，和家长一起寻找唤醒孩子成长动力的有效方法，探讨如何应对孩子在成长过程中所面临的身体、心理问题，帮助孩子更好地成长。

主持人 《上海家长学校家长服务热线》节目汇总了播出后观众的留言提问，邀请到上海市风华中学心理健康教育中心主任、心理健康教育正高级教师曹凤莲为大家答疑解惑。

问题一 孩子即将中考，但整天沉迷于游戏，家长要如何引导？

曹凤莲 孩子沉迷于手机或者游戏是令很多家长感到棘手的问题，家长还是应该在心态上先放平。现在孩子的生活环境与网络以及电子产品是紧密相连的，让孩子完全脱离这些东西也是不太现实的。不要说孩子，其实家长有时候也是控制不住去玩手机的，这时候就会有孩子说："为什么你可以看手机，但对我就零容忍呢？"所以我们在教育孩子的时候，先反思一下自己的手机使用习惯，哪怕碍于工作，陪伴孩子不多，那有没有可能在陪伴的时候尽量少看手机，让孩子感觉到父母的陪伴是有情感投入的。这一点很重要。同时，家长可以通过与孩子一起制定规则的方式来控制电子产品的使用，比如通过契约的方式控制孩子使用手机的时间和明确不能使用手机的场景，依此类推，按照这个规则拓展到学习和生活上。家长要针对孩子的个体差异有商有量地制定、执行。

针对大一点的孩子，比如在上高中之后，对他们使用手机的要求也是不一样的。高中生有一定的自律能力，更多地应该锻炼孩子的自我管理能力，所以家长在谈这个话题的时候可以更开放一点。首先了解一下孩子用手机来做什么，如果使用手机对正常的学习生活产生了比较大的负面影响，就要让孩子知道我们的底线是什么。

问题二 "双减"政策推出后，部分家长开始担心孩子的学习状态，比如学习被动、惰性大、缺少目标等等。家长要如何鼓励孩子端正学习态度、锻炼自主学习能力？

曹凤莲 "双减"政策推出后，孩子学习自主性的问题逐渐成为家长关心的重点。家长在平时和孩子交流的时候要注意方式方法，认识到学习的重点是获得知识、锻炼能力、自我成长等方面的价值体现，而不是过多强调短期的分数，否则会影响孩子学习的长久动力。还要提醒家长一点，就是在为孩子制定目标的时候，不要以名次为衡量标准，考多少名也不是孩子能掌控的，比较合适的方式是让孩子参与制定他认可的、切实的、有能力达到的目标，这样才有动力。

问题三 孩子总觉得家长的信任不够，总是说"风凉话"。这种情况下应该怎么进行沟通？

曹凤莲 首先，说"风凉话"是比较笼统的说法，大多数时候，家长由于比较主观，会觉得孩子的内心想法很幼稚，但是对于孩子来讲，这就是他当时的想法。建议家长还是要先听一听孩子的想法，并尝试保持兴趣，了解一下他进一步的计划，听完以后再与孩子进行沟通交流。有时候家长认为说"风凉话"是一种激将法，但往往适得其反，还会损伤亲子之间的信任关系，所以家长在与孩子沟通时要有同理心，多使用鼓励的话，让孩子感受到被认同。

问题四 父母总是争吵该怎么办？

曹凤莲 父母频繁的争吵对孩子的性格和心理健康影响很大，长期如此会让孩子认为伴侣之间就应该是这样的相处模式。同时，在这样环境中成长起来的孩子会非常敏感，在人际交往和亲密关系建立中也会受到家庭环境认知的影响，缺少幸福感和家庭归属感。所以建议家长们，在不可避免发生矛盾的时候，各退一步。

对于青春期阶段的孩子来说，父母在开学时更需要采用尊重、包容、信任的教育方法，尽可能避免剧烈的亲子矛盾冲突，激发孩子自主成长的内在动力，帮助孩子适应新学期的学习生活。

上海理工大学附属小学校长

丁利民

17.

家有二宝如何教育

2021 年 9 月 12 日直播

自从二孩政策放开后，二宝家庭已不再是少数，随之而来的是：新的家庭教育问题和多元亲子关系如何处理？怎样协调两个孩子的关系？如何平衡和满足孩子们的情感需求？如何让亲子关系或兄弟姐妹关系更加和睦？

主持人 《上海家长学校家长服务热线》节目邀请上海理工大学附属小学校长丁利民，和大家说说家有二宝的相处之道。

案例一 听众顾女士

我的大儿子 16 岁、小儿子 10 岁。大儿子读国际学校，性格比较独立，也有一定的自控力，所以我们对他的管教比较少，把更多精力放在弟弟身上。有时候弟弟会觉得哥哥在玩游戏的时候比较吵闹但没有被管教，反而总是针对他。虽然哥哥也会和弟弟沟通，但说话比较直接，让弟弟有点难以接受。家长也尝试和哥哥沟通，但收效甚微，还是比较苦恼的。

丁利民 因为哥哥刚刚走过青春期，逆反心理还在眼前，所以不妨放一放对哥哥的管教，反过来想一想如何面对弟弟即将到来的青春期。有一位教育家曾经说"父母是孩子的天花板",如果有一天孩子逆反了,就说明我们的天花板太低了,对孩子的掌控太过了,所以家长要注意如何才能构建更好的亲子以及兄弟关系。在弟弟提出抗议的时候,不要急着反驳而是先倾听。比如弟弟认为"你们拿哥哥没办法,总是管我",这时候不妨和弟弟讨论一下"你觉得我们应该怎样和哥哥沟通"。有时候看见需求比解决需求更重要,所以家长可以试试看,重新调整一下大家的相处模式,做一些有意义的改变,从而更好地解决青春期的烦恼。

案例二 听众蔡女士

我的大女儿上小学了,小女儿明年上小学,两个孩子的性格和兴趣爱好差异较大,在学前阶段做哪些准备工作,可以让后续教育事半功倍?

丁利民 姐妹俩性格差异大的情况很多,对于父母来讲,要做到一碗水端平或者一视同仁。在个性发展上,孩子有自己的优点,比如姐姐成绩好,妹妹更擅长待人接物等,每个孩子都有自己的长处,在这方面一视同仁意味着你要分别看见每个孩子的长处。同在小学阶段,妹妹要上小学,姐姐已经在小学,其实是一件非常好的事情。因为姐姐对小学的学习习惯或者内容是记忆犹新的,比起家长来引导妹妹,姐姐会是更合适的角色。而家长要做的是,调节姐妹之间的关系,去建立一些规则,让孩子们知道边界在哪里,这样就能够实现"1+1>2"的效果,减轻父母的工作量,让孩子之间相互影响,既可以锻炼姐姐责任感的养成,姐姐也会在指导妹妹作业的同时反思提升自己的学业,这种相处之道的磨合对两个宝宝有非常多的好处。

案例三 听众李女士

我的儿子 6 岁，上小学一年级，女儿 4 岁，在幼儿园中班。现在有个情况，就是哥哥在做作业或者朗读的时候，不许妹妹在旁边看，也不能和妹妹待在一个房间里，而且哥哥要求在自己做作业的时候，妹妹也必须要做作业。哥哥的这个规则有没有道理？该怎么解决这个问题？

丁利民 哥哥的年龄比较小，当他一个行为出现的时候，我们会想他真正的需要是什么，又是从哪里学到的相处方式。我们要从几个角度去考虑和观察哥哥，很显然现在他非常享受做哥哥，建立规则就是指挥妹妹的过程。一个人做这样的事情，有可能是他缺失这个部分，从而觉得需要得到尊重，要在另一段关系中满足自己的自尊。因此更多地是需要大人去调整，因为孩子不会无缘无故发展出你们觉得不合适的行为，这是家长容易忽视的。男孩有自尊其实是非常好的，但要顾及妹妹的感受。她处在哥哥制定的规则面前，她的感受是什么，如果妹妹的感受是很好的，那没有问题，但如果妹妹有不舒服的感受出现，父母还是要分别和哥哥妹妹聊一下再制定规则，而不是一味地让全家都来服从哥哥的规则。

在二宝家庭欢乐多多的同时，也伴随着教育多元化问题的出现。要公平对待、多多倾听、正视需求、及时沟通，积极引导两个宝贝互相陪伴，互相学习，共同成长。

上海交通大学医学院附属上海儿童医学中心发育与行为儿科主任医师

金星明

18.

含饴弄孙，言辞有度

2021 年 9 月 19 日直播

当今时代，隔代教育已然成为许多家庭的普遍现象。当年轻父母面临着抚养孩子和完成工作之间难以兼顾的烦恼时，祖辈们守护着孩子的健康成长。但隔代教育中有哪些需要注意的要点呢？祖辈们自己也提出了烦恼。

主持人 《上海家长学校家长服务热线》节目邀请上海交通大学医学院附属上海儿童医学中心发育与行为儿科主任医师金星明教授分享含饴弄孙的乐趣，探讨如何做到言辞有度。

案例一

我的孙女3岁了，现在在做入园准备，给她调整作息、教她吃饭，但最近发现她做事有点"三分钟热度"，好像缺少探索精神，也不太会解决小朋友之间的冲突，这种情况要怎么应对呢？

金星明 孩子在成长的过程中有不同的发展水平，比如3岁的孩子和同伴产生交集时，虽然不太会反对，但是要做群体游戏依然是非常困难的。大概要到3岁半以后，懂得一些规则了，才能够加入集体的游戏过程当中，这是一个逐渐发展的过程。

关于孩子自己吃饭的问题,餐具的使用是智力测验中精细动作的表现,比如用勺将食物送到嘴里的过程是考验腕关节的协调。一开始孩子不熟练,要允许他狼藉满地,在3岁左右,挑食、偏食、厌食的现象也多了,所以在这一点上,一定要让宝宝觉得吃饭是自己的事情,要在固定的时间和地点,不能追逐喂饭。

这位奶奶刚刚提到要去发现她的特长,我觉得为时尚早,希望这一部分的工作交给年轻的父母去关注,在上小学、初中、高中的过程中逐步发现孩子的特长。而在现在的年龄段,更应该注重孩子生活技能的培养。

案例二

我们家里是双胞胎,老人和爸爸妈妈在教育理念与方式方法上差异较大,家里的宝宝还出现了不愿意和别的小朋友玩的情况,他们的分离焦虑也是比较严重的,刚上托班的时候每天都会哭,好在慢慢适应了。还有就是吃饭问题,很多时候吃了一半就不吃了。这些情况要怎么处理呢?

金星明 0—3岁的孩子是为了生存,所以良好的饮食习惯特别重要。前6个月主要是奶制品喂养,家长需要关注奶量和孩子生长发育之间的关联,所以在体检中多留心孩子的身长、体重、头围、胸围等指标的变化;6—12个月是辅食添加的关键期,有的家长会在这一阶段喂养过度,让孩子始终进食烂糊的东西,这时候当半固体或者固体食物接触到他的咽喉部位时,就会出现恶心甚至吐出来的情况,这时候我们要告诫

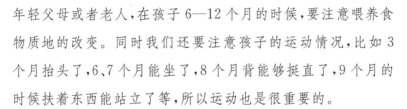

年轻父母或者老人，在孩子6—12个月的时候，要注意喂养食物质地的改变。同时我们还要注意孩子的运动情况，比如3个月抬头了，6、7个月能坐了，8个月背能够挺直了，9个月的时候扶着东西能站立了等，所以运动也是很重要的。

再说到分离焦虑的问题，这与孩子的气质有一定关系，有的孩子黏人就很容易产生分离焦虑。在这种情况下，首先要帮助孩子养成和幼儿园相同的作息时间，还可以在孩子上幼儿园之前带他去体验一下，孩子可能就会发现其中的乐趣所在。

案例三

我的孙子现在3岁了，现在已经具备基础的学习能力，但是孩子很喜欢和家长唱反调，让他做什么就偏要叛逆，这种情况怎么处理比较妥当呢？

金星明 在与这个年龄段的孩子交流时，要用肯定句，不给他说"不"的机会，比如，"宝宝吃饭啦""宝宝出去玩啦""宝宝你要睡觉啦"，一定是让孩子觉得没有商量的余地，这时候再看他的执行情况。如果他听从并且做到了，那就要大加赞赏，通过这个方法改变他逆反违抗的做法。还有一点，作为家长要注意关注儿童的心理，不要伤了孩子的心，用实际行动代替讲大道理。

幼儿园和小学阶段的孩子有其特定的成长规律，无论是父母还是祖辈，都应该在养育孩子的过程中学习和理解这些规律，才能做到真正的"科学育儿"。

上海慧互心理工作室心理疏导总督导、全球心链计划发起人

张　静

19.

财商培养从小做起

2021 年 9 月 26 日直播

大学生因校园贷引发的各类情况见诸媒体,家长往往会担心孩子在金钱观上出现偏差,那么如何从小培养孩子的财商呢?如何引导孩子树立正确的金钱观、价值观呢?如何让孩子从小养成良好的消费习惯呢?

主持人 《上海家长学校家长服务热线》节目邀请到上海慧互心理工作室心理疏导总督导、全球心链计划发起人张静,和大家聊一聊财商培养。

案例一 听众康女士

我孩子年龄比较小,看到喜欢的东西就吵着要买,遇到这种情况要怎么应对呢?

张静 康女士的问题非常具有代表性。一个5岁孩子在逛街的时候,如果说他吵着要买某样东西,首先要解决的是情绪问题。

其次,可以趁机培养孩子的财商,比如告诉他只可以在给定范围之内选择买一样东西,接下来在孩子情绪稳定的时候,与他共同制定一个规则,每次出去可以买几样东西,价值多少,在一个框架之内让孩子有约束的概念。

最后,培养孩子的计算能力以及对钱的概念。比如买棒棒糖的时候,取一部分纸币出来,让他体验钱是怎么回事,买一个棒棒糖要花多少钱,如果用 10 元钱去买,应该找回多少钱。因为孩子对于抽象事物的认识比较晚,所以要抓住现在的机会,由现实慢慢过渡,孩子理解起来就比较容易。

家长在教育孩子的时候,要注意用孩子能听懂的语言或者方式进行沟通,有时候可以通过一些小游戏帮助孩子认知事物,让他在真实的情境中听懂道理。

案例二 听众秦女士

家里老人喜欢给孩子红包,孩子认为收到了就是自己的钱,不让大人碰。遇到这种情况该怎么处理?如何借此机会让他树立正确的金钱观?

张静 孩子收到的红包不一定要交家长强制代为储蓄,可以借此培养孩子的金钱管理观念,让他具有储蓄和开支的概念,比如列一个愿望清单,再给出一个支付范畴,让他计算自己储蓄的钱够不够:如果够的话,要怎么分配使用;如果不够的话,是不是可以存入银行。存银行的时候,家长可以带着孩子一起去,让他来操作存入、设置密码等等,给孩子一个小小的仪式感,让他知道自己有实现愿望和购买物品的权利,逐渐学会如何管理自己的金钱。

财商教育不是培养"守财奴",而是让孩子了解金钱的概念,学会管理和支配。家长要正确引导孩子认识财富、构建正确的财富观,在平凡之中,活出精彩和洒脱。

共青团上海市委员会 12355 青春在线青少年

公共服务中心专委会成员、心理督导专家

顾凯宪

20.

家长如何面对孩子
变成了"匹诺曹"

2021 年 10 月 17 日直播

我们一直说培养孩子的品德是最基本要求,其中"不说谎"是最基本的底线之一。对于说谎的孩子,家长都是不欢迎的,而且一旦发现孩子说谎都会大动肝火,有的甚至通过打骂来告诉孩子"撒谎的后果"。孩子为什么会撒谎?孩子说谎了,家长该如何找原因?家长又该怎样面对说谎的孩子?

主持人 《上海家长学校家长服务热线》节目邀请到共青团上海市委员会 12355 青春在线青少年公共服务中心专委会成员、心理督导专家顾凯宪和大家说说家长该如何面对"匹诺曹"。

案例一 听众孙小姐

我的孩子上四年级了,在利用电子产品学习的时候经常会偷偷玩别的,被发现之后不愿意承认。对这种情况,我该怎么处理呢?

顾凯宪 四年级的孩子在爱好上已经有一个雏形了,比如孩子比较喜欢看漫画,但恰好家长管得比较严,不能满足他这方面的愿望,他又一直有这方面的需求,怎么办呢?"两全其美"的办法就是偷偷地看。孙小姐遇到这种情况是可以和孩子沟通的,但是要注意沟通的方式。可以找一个气氛比较好的时候问问他:你喜欢看漫画吗?漫画给你带来什么感受,你为什么那么喜欢呢?和孩子进行一次"打开天窗"的交流,暗示他这个事情妈妈知道了,但是不会对他进行惩罚,而是希望跟他沟通交流,去了解孩子的感受,再与他制定一个双方都能接受的方案去执行。可以每周有半小时去浏览自己喜欢的东西,但内容要适合,时间要控制。

案例二 听众张小姐

我孩子上一年级,经常出现作业不带回家或者忘记作业内容的情况,问他为什么,他就会怪到老师身上,这也是一种撒谎的现象。还有就是注意力难以集中。这种情况要怎么解决?

顾凯宪 其实低龄孩子撒谎特别容易被揭穿,这时候家长需要及时和老师沟通。但孩子可能并不想撒谎的,只是因为他的注意力难以集中但又不想被追究责任,所以用撒谎来逃避。一年级的孩子,个体差异比较大,神经发育速度也不同,对此家长首先要有耐心,和孩子多多沟通,建立信任,发现他的闪光点。虽然注意力暂时是他的一个短板,但可以通过训练不断进步,家长不要过度紧张和焦虑。比如给孩子进行一个"放松-集中-再放松-再集中"的训练过程,劳逸结合,他慢慢就会找到情绪规律,也会慢慢步入课堂正轨。

案例三 听众康小姐

我女儿上四年级,现在在学钢琴,爷爷奶奶说每天练琴都特别好,但老师反馈的结果是比较懈怠。有没有什么办法可以让小朋友养成比较好的练习习惯?

顾凯宪 出现这种情况,我觉得家长可以先和孩子聊一聊孩子是否真正喜欢弹琴、学习钢琴会给孩子带来什么,如果坚持下去还会拥有什么好处。遵循孩子的意愿,让孩子明白其中的道理。同时也要与钢琴老师多多沟通交流孩子的学习进度,遇到特殊情况适当放缓。因为我们希望孩子可以通过学习钢琴陶冶情操,帮助左右脑的开发,等等。那么在强化学琴的好处这个意识之后,就要让孩子有迈过坎的决心。很多孩子在考完十级之后,让他回忆过去的经历,他都会说中间有一段时间特别难熬,但过了这个时刻就会自觉地喜欢上了练琴这件事。

孩子的态度离不开家长处理问题的智慧,很多时候"小谎"并不是不能够被原谅,家长要静下心来,从多方面考虑孩子撒谎的原因,积极沟通,调整对策,和孩子一起面对,就能够解决重重难题,陪伴孩子快乐成长。

家庭教育"心"智慧

2022

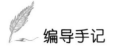
家庭教育是平视甚至是仰视的

　　庆幸的是，我一直可以在工作中学习家庭教育的方法。《上海家长学校家长服务热线》节目不仅让我以教育类的话题为主线，对教育话题有了整体把控的底气，形成了完整的采访思路，也让我在自身家庭教育的实践中有所成长。

　　于人——在节目直播过程中，我经常能接到家长打来电话咨询各类家庭教育问题，其中妈妈最多，其次是祖辈，然后是爸爸。问题也形形色色。让我印象最深的是一位外婆和妈妈同时打来电话咨询问题，足见对家庭教育的重视，也足见有很多家庭在发现问题的时候没有合适的求助渠道或者不知道该通过什么渠道来求助，当听到广播的时候，他们找到了与专家直接对话的捷径——热线，并希望能解决自身问题。每当这个时候，我特别希望在有限的时间内尽可能将更多的家长热线接进直播间，特别希望他们的问题能够得到解决。推己及人，因为我也是个妈妈。

于己——在聆听专家的分享中，我也在不断地学习，和我的两个孩子一起成长。当孩子们还小的时候，我学会了蹲下身子和她们平视交流。当她们渐渐长大，哪怕个子快赶上我的身高，我依然保持这个姿势，这时，我是平视甚至是仰视她们的。当看到她们那坚毅的小下巴高高扬起的时候，我的心里泛起的温柔会从我的眼睛里流出来，从我的嘴里说出来，会融入家庭日常的点点滴滴。

每个家庭都有各自的家庭教育难题，但不变的，是那份幼吾幼以及人之幼的爱。

张　新

上海人民广播电台长三角之声《上海家长学校家长服务热线》编导

上海市嘉定区新城实验小学书记、校长

顾　剑

21.

疫情之下有一间神奇的大教室

2022 年 5 月 8 日直播

足不出户的居家学习已经一月有余,"空中课堂"成为日常。如何做好家校共育,给孩子更好的学习氛围? 如何培养孩子自主学习的能力,养成良好的习惯?

主持人 《上海家长学校家长服务热线》节目邀请到上海市嘉定区新城实验小学书记、校长顾剑,和听众共同探讨疫情对于孩子们意味着什么。顾剑校长提出了"疫情之下有一间神奇大教室"的想法。那么,这间"教室"到底有什么神奇之处?

顾剑 在线教学实际上改变了"教"与"学"的方式。"教室"的神奇之处在于,孩子们能在里面快乐学习、健康成长。这间教室很"小",一个屏幕、一个孩子就是一间"教室"。但是它又很"大",语数英、音体美、风笛琴音、剪贴绘画、跑跳翻滚、读文算数、自然科学……包罗万象。生活就是教科书,疫情也是一本教科书,世界都成了教科书,世界就在这间"教室"里。听课的不仅是孩子,还有家长、专家……一切关注、关心、指导孩子们成长的人士。这间"神奇的教室"是思维火花碰撞的摇篮,也是智慧产生的发源地。

问题一 我女儿上小学四年级,在居家学习之后,慢慢地就没有以前那么认真了。这种状态的转变会不会影响到新知识的学习?有没有什么好的解决办法?

顾剑 小学生的专注力和耐心不够是正常的情况,这时候家长要找到她不能专注听讲的原因。不要着急,和孩子好好沟通一下是不是遇到了什么问题,必要的时候可以请求老师或者同伴帮助,还可以引导孩子定期进行自我评价,多用语言或者奖励来激励孩子。相信每个孩子都希望自己是优秀的,所以积极的引导和鼓励是必要的。

问题二 在一段时间的居家学习后,原本听话的孩子变得越来越叛逆,这是什么原因?有没有改善关系的好办法?

顾剑 如果孩子处在青春期,那么出现叛逆也是很正常的现象,家长首先要了解孩子的想法,找到孩子不愿交流的根源。居家学习时,孩子长期处在一个人学习的状态,更多时候需要自主解决问题,这个过程不知不觉地增强了孩子的自我意识,就使孩子容易变得自大。家长要观察孩子的"反抗"是否有道理,如果有道理,让他做决定也无妨,营造一个民主的家庭氛围很重要。用陪伴、引导代替"包办"。线上学习实际上也是孩子养成良好学习习惯和独立思考的最佳时机。我们需要有对教育顺势而为的信心以及让孩子拥有在原生态中不断逆势生长的智慧和力量。

无论是老师还是家长,都是陪伴孩子成长的引路人,居家学习是孩子们遇到的全新模式,所以,第一,不能操之过急,比如一看到孩子坐不端正就"上火"。家长对孩子永远有点不放心，因为在学校里有老师管理着、监督着、激励着，而到了居家学习的时候，家长就觉得自己应该全包了。不要急，孩子是需要慢慢去适应的。第二，不要包办代替，很多时候需要全程陪伴，适时引导，关键要去观察孩子。一旦遇到学习上的难题，先让孩子自主解决，能自主解决时，家长千万不能包办代替。所以在线居家学习，实际上也是孩子养成良好学习习惯尤其是独立思考习惯的最佳时机。

我们2022年的义务教育新课程标准，关注知识是怎样产生的，既要了解孩子的认知结构，还要教给孩子独立思考解决问题的方法，新课程标准特别关注的就是思考的过程。为了孩子能够健康智慧地成长，家长也要研究教育，研究孩子。了解、研究孩子的前提，就是让我们走进孩子的心灵，蹲下来和孩子多交流，而不是盲目地、命令式地要求。只有这样，父母才能真正成为孩子成长路上的引路人，孩子才能真正快乐、健康、智慧地成长。在这样一个特殊时期，需要的是对教育顺势而为的一种信心，以及让孩子在生态当中能够不断逆势生长的智慧和力量。

在线学习对于每个孩子而言都是一种适应新的学习方式的挑战，家长与孩子的"亲密"相处也容易放大孩子在上网课期间的问题，陪伴孩子适应、相信孩子能够做好，才是引导他们在"网课大教室"里学习成长的正确方式。

上海市教科院普教所学生发展研究中心主任

学校高级心理咨询师、国家级心理咨询师

王　枫

22.

疫情下的家庭教育方式

2022 年 5 月 15 日直播

疫情管控期间,家长既要居家办公又要陪伴孩子上网课,难免会产生亲子沟通的矛盾。当居家管控遇上家庭矛盾,有哪些好的教育方式和经验可以学习借鉴?

主持人 《上海家长学校家长服务热线》节目邀请到上海市教科院普教所学生发展研究中心主任王枫老师,和大家探讨疫情防控下的家庭教育问题。

王枫 调研发现,居家管控时期的亲子矛盾特别容易由小摩擦引发。当个人长时间处在较大的应激状态时,情绪或多或少会出现变化,容易被细小的事件激发,这是很正常的现象。所以特别提醒家长,要调控好自己的情绪状态,对待孩子不要翻旧账,家长的情绪管控也是对孩子的情感支持。

问题一 阿基米德网友

孩子居家上网课时的注意力经常难以集中,常常跟不上老师讲课的思路,要怎么解决孩子注意力易分散的问题? 有什么办法调动他学习的主动性吗?

王枫 居家学习氛围相对学校而言轻松很多,所以孩子注意力难以集中的现象是比较普遍的。并且对于年龄小的孩子来说,注意力集中本身就是比较困难的。建议家长从制定规则的角度出发,让居家学习尽可能像在校一样具有仪式感。比如,上课前把所有准备事项做好,课堂上集中精力进行学习。同时,家长也要注意与孩子的沟通方式,给予尊重、信任,减少权威、管教,把更多的话语权交给孩子。双方都认同的规则才能更好地被执行。

问题二 听众康女士

孩子居家学习后,缺少和同龄人之间的沟通交流,对孩子造成了隐性伤害,这时候家长可以做些什么呢?

王枫 人际交往是居家管控之后比较常见的难题。家长可以利用微信、QQ 等软件的语音、视频功能帮助孩子和同学进行交流,还可以增加亲子交流的时间,了解孩子面临的压力、困难,给予情感支持。学校在这方面也做了很多工作,比如推进全员导师制,要求老师定期和同学开展在线视频交流,给予关心和鼓励,为孩子当前的社会性发展提供更好的支持。

问题三 听众秦小姐

居家管控期间,有的父母不在孩子身边,或因为担任志愿者、医护工作者、公安干警等职务,没办法及时和孩子沟通,遇到这种情况要怎么做呢?

王枫 的确有很多家长是医护人员、公安干警,在疫情防控期间非常辛苦,天天值守在岗位上,不能够回家也不能够陪伴在孩子身边。孩子和家长之间的情感是相互支持的,不一定要存在于一个物理空间中才能够有情感的流动,如果不能陪伴在孩子身边的话,也可以通过在线视频的方式和孩子做一些交流,问问孩子一天学习的情况,有没有感受到一些压力,也可以分享自己在做防疫工作中碰到的有趣事情和一些具有正能量的事情,让孩子感受到家长对自己的情感支持和关怀,那么更多的情感流动就建立起来了。家长以身作则树立榜样,用自己对待疫情的坚定信念来影响孩子。孩子其实是会观察模仿的,家长在孩子面前做出了很好的榜样,孩子也会学会逐渐调适自己的情绪状态。当你状态不佳时,你可以对孩子说:我现在情绪不太好,我不希望把情绪施加在你身上,不希望爆发很激烈的情绪,请你给我调整一下的机会,我深呼吸一下,转移一下注意力……这时其实会给孩子较好的感受,并且他能够通过模仿学习来更好地提升他自己的情绪管控能力。

家庭教育不只是为了要和孩子维持良好的情绪状态、情感连接,来支持他更好地学习。其实对于一个孩子来说,如果他能够很好地和家长在沟通梦想的过程当中,确立自己未来的人生方向,确立未来可能为之奋斗的目标,这种目标指引其实反过来会驱动孩子在当前的学习当中更有动力,这也是非常值得提倡的家庭教育的重要内涵。

网课居家期间的情感交流至关重要。在面对学习和生活方式发生变化的时候,孩子们容易进入应激状态。关注情绪、提供支持,并让孩子们借助各种方式与老师、同伴进行线上交流,都能增加他们的安全感和积极性。

上海市徐汇区乌鲁木齐南路幼儿园党支部书记、园长

龚 敏

23.

学前儿童居家生活如何安排

2022 年 5 月 22 日直播

学前阶段是孩子各项能力养成的关键期。突如其来的疫情打乱了人们原本的生活节奏,在疫情防控居家期间如何做好"家园共育"? 家长又会遇到哪些问题?

主持人 《上海家长学校家长服务热线》节目邀请上海市徐汇区乌鲁木齐南路幼儿园党支部书记、园长龚敏,和听众一起聊聊学龄前儿童的居家学习生活。

龚敏 3到6岁的孩子通常以直观形象获取知识,所以,如何更好地让孩子在玩中学就显得尤为重要。合适的游戏往往比一味地强调学习更能调动孩子的积极性。除了学习知识,良好的生活作息也是此阶段孩子身心发展的关注重点。建议家长可以与孩子一起制定"一日计划",并以身作则,坚持执行。比如,按照幼儿园的日常作息来安排家中生活,一起阅读、劳动、玩耍等。当生活有了一定的规律,孩子的安全感也会油然而生。

问题一 疫情防控居家期间,缺少户外运动,如何保证孩子的身体素质? 当出现情绪冲突时,又该如何安抚和疏导呢?

龚敏 长时间的居家生活让孩子能量无处释放，从而容易产生情绪波动。家长要利用有限的空间和资源，尽可能地让孩子动起来，比如和孩子一起玩"汽车过桥"游戏：拱着身、手脚撑地就变成了一座"桥"，爸爸妈妈和孩子轮流来做"桥"，然后让家里的玩具车从"桥"下开过去。除此之外，还有许多简单好玩的亲子活动，比如枕头大赛、擦桌子、择菜等等，既锻炼孩子的肌肉群，让他们在有限的空间里提升身体素质，又增进亲子关系。当然，在保持锻炼的同时也要注意膳食营养均衡。在面对孩子情绪冲突时，家长首先要检查自己的情绪是否稳定。孩子是敏感的，能够从家长的情绪中获取到信息，从而出现担心和焦虑，所以，当我们控制好自己情绪的时候，也是在呵护孩子。其次，还可以结合特殊时期，帮助孩子掌握保持健康安全的知识技能，一起制定计划、完成活动。最后，家长也要站在共情的角度多多倾听、理解孩子的想法，留给孩子一些私人时间，鼓励他们做自己想做的事情。

问题二 疫情防控居家期间，家长也需要办公，不能时刻跟在孩子左右，要如何解决陪伴问题？

龚敏 一刻不离地围着孩子，这种陪伴状态适用于1岁之前的孩子，在孩子1岁之后应当慢慢与孩子保持距离，转换为心理上的满足。比如，工作时可以协调时间，彼此合作，轮流兼顾孩子的需求。休息时一起陪伴孩子聊天、玩耍，增进亲子感情。也可以借此机会培养孩子在独立活动中的自我管理能力，让孩子自己安排自己的事情，比如收拾玩具、完成学习任务、按时洗漱睡觉等等，慢慢学会规划和组织，从而锻炼自我管理和发展的能力。

问题三 疫情防控居家期间,如何培养孩子的社交能力?

龚敏 学前阶段是孩子社交能力养成的关键期。居家后,第一,可以通过浏览幼儿园的视频号、公众号、活动照片,和孩子一起回忆游戏场景、学习时光等,帮助他们缓解对朋友的思念。第二,可以借助手机组织孩子"云聚会",通过语音或视频的方式让他们彼此交流自己的居家生活。第三,可以通过阅读故事等方式,引导孩子正确理解社会交往规则。第四,加强家庭成员之间的沟通交流。这一点尤其适用于二宝、三宝家庭,比如两三个娃在一起的时候,要有商有量地玩游戏等等。这时候家长也要在旁边多观察,多倾听,并做出积极回应,帮助孩子更好地融入集体。

对于幼儿园和小学阶段的孩子,居家期间家长可以做的事情有很多,比如一起做运动,一起整理玩具,一起做家务劳动,一起云上交流,等等。这些家长陪伴孩子参与的活动,都会成为促进孩子健康成长和全面发展的有益实践。

上海市宝山区教育学院心理教研员

蔡素文

24.

复学复课阶段，家长该如何助力孩子做最后冲刺

2022 年 5 月 29 日直播

随着疫情防控形势逐渐好转,即将迎考的学子们也将迎来返校复学。在居家学习期间,孩子们辛苦学习的同时家长们也是辛苦的,而接下来的中高考和等级考是孩子们学习阶段重要的转折点。

主持人 《上海家长学校家长服务热线》节目邀请到上海市宝山区教育学院心理教研员蔡素文老师,和大家一起来聊一聊面对即将到来的复课复学,家长们需要怎样给孩子助力加油呢? 学生们又该如何正确对待中高考呢?

问题一 面对中高考,如何做到平常心? 在心理和学习方法上应该怎样去应对?

蔡素文 首先,我们可以先对压力值做一个小小的快速评估。如果你觉得现在的状态不影响学习和作息,那其实就是一种平衡状态。但如果说压力已经影响到饮食睡眠,那就需要进行适当干预了,可以和爸爸妈妈聊一聊,或者和学校里的班主任、导师、心理老师聊一聊,看看他们能不能给到你专业的支持。其次,在学习方法上我们可以用积极的行动让复习阶段更加高效。

第一，根据考试时间制定反向规划。以最终时间点为起点，往前逆推，看看还有几天，结合自己的情况由大到小设置清晰具体的目标。

第二，落实微行动。在稳定的基础上做出调整，循序渐进。比如，每天多做一个俯卧撑、多背五个单词或者利用一下午破解一道题等等，这样就会比较容易实现目标，获得成功的体验。这在我们复习阶段也是很有意义的。

第三，要注意劳逸结合。参考正式的考试时间，安排复习节奏，穿插中场休息。尽管复习时间非常宝贵，但还是希望大家能够丰富一下自己复习阶段的生活。有研究证明，当我们的生活更有新鲜感，更加多样化之后，幸福感也会随之提升，这对于考生来说也是有意义的。所以，要设置休息时间，在这个过程中和真实的生活建立一种连接，比如远眺放松、听一段音乐或者回顾一下复习的状况等等。当然在中场休息时需要注意时间的控制。

第四，设置心理过渡期，提前调整节奏和心态。家长可以先和孩子一起找到线上线下课程的变化，比如作息时间不一样了、课程更密集了等等，在心理上、生活上、学习上给自己设置一个过渡期，提前做好时间和节奏上的演练，用平常心和积极心去应对过渡阶段，找到线下学习的状态。

问题二 经过居家学习之后，家长该如何进行有关考试的亲子沟通？

蔡素文 第一，要创设稳定平和的家庭环境。很多家长时不时就会去关心一下孩子，这样其实容易打断孩子完整的时间。所以,希望家长合理安排好节奏,并且给予孩子信任,创造一个相对安静的外在客观环境。除此之外还要关注内在的心理环境,比如家长不经意流露的担心和焦虑也可能影响到孩子,要从内向外地创造一个稳定舒适的家庭环境。

第二,进行眼对眼、肩并肩、心连心的沟通。首先,希望家长能够在忙碌的时候放下手头的事情,通过孩子的心灵窗户,去看到他的难题,帮他做实事去解决。其次,家长时不时的关心可能给孩子带来干扰,这时候的沟通就是错位的,我们希望沟通是肩并肩的,就是说爸爸妈妈能够站在孩子的那一面,从孩子的视角去看待他的问题,看待他的成长,知道他的不容易,并且和他分享情绪,告诉他经验。最后,是心连心地沟通。孩子是最能够洞察父母情绪的,所以希望父母管理好自己的情绪,不要对他指令过多,要静静地陪伴,并且从内心深处与孩子建立一种连接,比如通过拥抱、牵手、拍拍肩等等。当然亲子之间的相处沟通模式都是因人而异的,所以家长所做的一切都要经过孩子同意。在和孩子说"不"的同时,也要给出几个正确的选择。

返校复学涉及学生的作息和学习方式的再次调整,毕业班的学生尤其要进入到线下的复习和冲刺之中,需要家长更多地做好支持者和陪伴者,为孩子的适应和发展助力。

复旦大学附属华东医院疼痛科主任医师

郑拥军

25.

线上学习期间如何保持
体态健康

2022 年 6 月 12 日直播

居家学习期间，学生听课、写作业的坐姿容易不规范，往往会出现半卧在床上或者斜坐在椅子上，甚至跷着二郎腿在上课的情况。所以很多家长反映，孩子经常出现各种疼痛，还会有驼背、脊柱侧弯等情况。那么，不正确的坐姿对学生的身体成长将带来怎样的影响呢？

主持人 《上海家长学校家长服务热线》节目邀请复旦大学附属华东医院疼痛科主任医师郑拥军，和大家聊一聊如何调整孩子的体态，在居家学习的两个月中，会有哪些不当姿势引起的身体问题呢？

郑拥军 孩子居家上网课，会经常接触手机、电脑等电子产品，长时间的不良姿势势必会带来一些问题。大部分孩子的自律性不够，比如在写作业的时候，往往会习惯性地趴在桌子上，头可能偏向于一边，整个身体是倒向一边的。在这种状态下，他的颈椎处在一个过度前倾同时伴有脊柱侧弯的状况。孩子的身体本身就处在发育期，长时间持续性地保持不良姿势，会导致脊柱两边的肌肉受力出现不均衡，一松一紧就容易产生脊柱旋转或者偏歪，这种旋转偏歪一旦形成，往往会影响到脊柱本身的正常结构，这时候脊柱里面的神经往往就会出现卡压的问题。另外，很多小朋友，包括家长，经常会跷二郎腿，还喜欢窝在沙发里面，这种情况也会导致腰椎或者骨盆不端正，对胸椎和颈椎都造成影响。

问题一 我最近发现女儿的"高低肩"问题越发严重，这是不是脊柱侧弯的信号？如何判断孩子有没有脊柱侧弯的问题呢？

郑拥军 判断脊柱侧弯方法：第一，让孩子脱掉上身的衣服，家长从背后观察他在自然挺胸抬头站立的状态下，肩膀高低是否一样。再观察三角形的肩胛骨，下面的两个"角"是不是在一条水平线上。第二，让孩子保持上身挺直的状态向前弯腰，做类似鞠躬的动作。这时候如果发现孩子在弯腰的过程中，后背左右明显地出现了不对称的情况，那么基本可以判断是有脊柱侧弯的。其实对于大部分的青少年而言，脊柱侧弯都是后天形成的，而且很多时候是肌肉源性的，也就是说骨头本身是好的，但是由于姿势不良，导致整个脊柱两边的肌肉受力不均衡，从而让肌肉把骨头给拉弯了。所以，都是肌肉惹的祸。这时候，只要想办法纠正或者调整两边肌肉的受力，就能够从不均衡的状态重新恢复到均衡的状态，这种侧弯的角度或者受损伤的程度都是可以逆转恢复的。

问题二 孩子经常会出现手麻腿麻的情况，这是不是长时间缺乏锻炼所导致的呢？

郑拥军 麻木是神经压迫的一种表现。对于大部分青少年而言，可能手麻的情况会更多一点。比如说固定的姿势看手机或者玩游戏久了之后,就会出现手臂或者手指麻木的现象。还有些朋友会在睡觉或者起床的时候发现手非常麻,要甩半天才会好一点。出现此类情况,我们要判断一下压迫到哪里的神经了。对于小朋友而言,大部分是肌肉和神经的关系,比如当我们的头部长时间处在一个固定姿势,或转向一侧或过度前倾,肌肉长时间紧绷,在肌肉和肌肉之间的神经就会被卡到,这时候就会出现神经上的缺血或者压迫,我们称之为臂丛神经卡压。而脚麻的情况一般来说发生率相对比较低,最常见的原因可能是跷二郎腿或者总保持一个姿势,使得坐骨神经持续受压,产生缺血,这个时候就会出现麻木,但这种麻木只要起来动一动,就很快消失了。但是,如果下肢麻木出现在大腿的后侧部位,并且放射到小腿甚至脚部,同时伴有臀部或腿部的不舒服,而且在坐的时候比较明显,躺的时候比较轻的情况,那可能就要当心了,这可能是由于久坐出现的椎间盘突出问题。

问题三 孩子在学习时桌椅的高度有没有什么科学数据?什么样的比例会相对合理呢?

郑拥军 第一,小朋友在学习的时候,建议身体和桌子控制在"一拳"左右的距离。如果坐得离桌子很远,一定会出现俯身趴下的情况,这时候脊柱向前弯的同时头也会向前倾斜。第二,在坐直的状态下,显示器的高度尽可能与视线平齐,或者略微低一点。从生物力学的角度讲,头部向前倾30°—45°的时候,颈椎的负荷会成倍增长。第三,长时间久坐时,要注意颈肩部的酸胀问题。一方面要避免头部过度前倾,

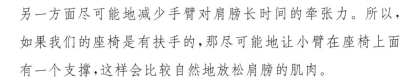

另一方面尽可能地减少手臂对肩膀长时间的牵张力。所以，如果我们的座椅是有扶手的，那尽可能地让小臂在座椅上面有一个支撑，这样会比较自然地放松肩膀的肌肉。

问题四 现在非常流行的"本草纲目健身操"适合孩子吗？会不会产生运动伤害呢？

郑拥军 如果平时很少运动，突然的高强度运动可能导致第二天腰酸背痛，甚至脚踝、腰椎都会容易出现问题，这是比较常见的。只要在高强度的训练之前，做好充分的热身准备，就会减少这些情况出现的概率了。热身的时候最主要的就是进行肌肉的拉伸，比如说大腿前面的股四头肌，可以通过站立抓住脚踝，腿向后靠近臀部挺直的动作拉伸到，或者通过推弓箭步拉伸我们的小腿。另外，肩膀颈椎部分也是最容易出现劳损的部位，我们可以通过一个非常简单的动作来拉伸颈椎：挺直身体站立，肩膀向后，感受背部肌肉的收缩，下巴尽量后缩，靠近自己的锁骨，感觉像有一只手推着整个头部，向后、向上平移，这时候能够感受到腰部肌肉的紧张，这种状态下，就可以很好地拉伸到颈椎后侧肌群。当然，双手交叉放在后脑勺部位，配合深呼吸，感受头手对抗，也是可以拉伸到斜方肌、颈椎，甚至腰椎后方的肌群。

学生的学习也属于一种"伏案工作"。家长在引导孩子认真学习的同时，也要注意避免孩子长时间的久坐和姿势不良引起的健康问题，引导孩子养成良好的坐姿习惯，并通过拉伸、做操等方式，保持孩子的体态健康。

上海市民办德英乐实验学校副校长

顾丽萍

26.

网课后的学期末如何评价
孩子的学习成效

2022 年 6 月 19 日直播

一学期的居家学习已经接近尾声,目前,除了中高考年级外,其他学生仍需继续进行线上学习,并且义务教育阶段将不再组织统一的期末考试。没有了期末考试,我们该如何评价学生本学期的学习情况,家长、老师们又该如何掌握学生的学习情况呢?

主持人 《上海家长学校家长服务热线》节目邀请到上海市民办德英乐实验学校副校长顾丽萍,和听众聊一聊本学期末该如何评判学生的学习情况。

问题一 孩子读小学,取消期末考试之后,我们其实心里还挺没有底的,所以想请教一下顾校长,作为家长有没有什么好的方法或者标准去评估一下小朋友的学习情况?

顾丽萍 其实通过孩子日常的学习表现是可以判断一二的。比如:孩子是否每天按时上线?在上课过程中,是否能够非常专注?是否积极地与老师互动、回答问题?作业是否认真完成,准确率高不高?从这些方面都是可以看出孩子学习情况的。线上教学对于自控力比较好的一些孩子来说是没有什么问题的,但是有的孩子可能看一会视频就开始喝水、扭来扭去之类的,这些情况也都是正常的。这时更多地考验老师们,如何来调动孩子的积极性。比如为了准时上线开课,有的老师会给大家分享一些有趣的事情,如果你迟到了,就听不到了,那么孩子们就会提早一两分钟上线,听老师讲讲笑话。另外,在线课堂上,老师是可以看见所有孩子一举一动的,以鼓励为主,表扬坐得端正、精神面貌好的孩子,不断以正向激励和孩子进行互动。我们学校初中部制定了一个学习情况综合评量表。第一部分是在线学习的表现,第二部分是居家学习状况和作业质量,第三部分是自主学习的情况。在线学习表现,一方面是课堂表现,比如说考勤、认真听课、积极互动、课堂笔记记录等等。最主要的方面是节点式作业情况。什么叫节点式?比如说一个单元学习结束了,会有一个在线检测,也叫节点式作业。这个测试在整个学习情况综合评价中的占比达到50%,还是比较有参考性的。第二个板块是居家学习状况和作业质量,主要考量的是孩子的学习和作业习惯,比如说时间安排是否合理,作业是否在规定时间上传,作业质量如何,是否独立完成,书写是否美观,作业是否及时订正,订正的正确率如何,等等。这部分有比较细化的标准来帮助判定孩子的作业完成情况,其分数占整个学习情况综合评价的30%。第三个板块是考量孩子的自主学习情况。比如说阅读习惯、学科拓展、查漏补缺等等,孩子这些方面的表现占到总评的20%。这三大板块从三个维度比较全面地评价了孩子在线学习的情况。

问题二 线上学习期间,家长该如何更好地进行陪伴?

顾丽萍 目前,线上学习已经进入学期末复习整理的阶段,家长首先要做的就是消除疫情给孩子带来的学习和生活上的焦虑,重视孩子的心理健康教育。其次,孩子的自控力是比较弱的,特别是在疫情期间,这时候陪伴就显得尤为珍贵。比如虽然在忙自己的事情,但也可以坐在附近;虽然在各自写自己的作业,但是可以让孩子感受到一起学习的氛围,无形之中也提高了学习效率。第三,多沟通多交流,言传身教。特别是小学生的家长,我们经常说育儿就是育人。其实每一位家长都希望自己的孩子成为一个正直、快乐、阳光、独立的人。那么我们就要经常与孩子进行爱的连接,那就是陪伴。不管是在车上、饭桌上,还是和孩子一起锻炼,都要多沟通,多交流。爱其实是一种示范,孩子在学习的过程中,是用眼睛看的;父母吩咐孩子去看书、去听课,还不如自己拿起书来阅读,也就是我们经常说的身教重于言教。特别是在和青春期孩子沟通的时候,家长千万不能啰唆,啰唆了他会厌烦。少说多做,让他觉得你是懂他的,你是理解他的,他才会发自内心地来听取你的建议。第四,尊重孩子。父母和孩子其实都是独立的个体。父母要兼顾自己的事业,要热爱自己的生活。并不是说父母的生命中全部都是孩子,父母也有自己独立的人格。所以,父母要求有自己的独立空间,其实孩子也应该有属于自己的空间,做他自己想做的事情。第五,当孩子碰到麻烦的时候,家长首先要淡定。这样既能减少孩子的焦虑,还能帮助孩子树立信心,就是心理学上经常说的,碰到困难的时候,首先要做的是接受。比如孩子犯错了,家长不能先去埋怨,而我们经常能听到家长说,"你这个孩子怎么这样,别人家的孩子就不会这样"之类的话。你如果先接受了孩子的这些不足,你才会想办法如何去改变。一味地埋怨或者焦虑并不能解决问题。所以,家长拥有成熟的心智,对孩子来说也是一种幸福。

在线学习给了家长一个很好的通过家庭教育和学校一起培养学生良好学习习惯的机会。家长如果能够利用这个机会,和学校形成家校共育的合力,就能够让孩子在居家学习中学有所获。

上海市逸夫职业技术学校校长

沈 蓝

27.

新中考政策下解读职校贯通
专业的优势及特色

2022 年 6 月 26 日直播

社会主义现代化建设,需要高素质的劳动者和高水平的技能技术,我们亟待高质量的职业教育。新《中华人民共和国职业教育法》(以下简称"《职业教育法》")顺势而出,自 2022 年 5 月 1 日起开始施行。这是该法自 1996 年颁布施行以来的首次大修,内容从五章四十条完善至八章六十九条。新《职业教育法》的推出将如何定位职业教育的发展空间?

主持人 《上海家长学校家长服务热线》节目邀请到上海市逸夫职业技术学校校长沈蓝,和大家聊一聊职业教育的新定位将给教育体系带来怎样的多元化发展。

问题一 我儿子读初二,性格调皮,但聪明劲还是有的。正逢职教改革,感觉前景还是不错的,考虑让孩子往这方面发展。想了解一下职业学校的办学质量如何,继续上升的空间大吗?

沈蓝 2022 年是上海中考改革招录方式的元年,新的《职业教育法》也在 5 月新鲜出炉。这次改革中最首要的一个变化,就是明确了职业教育和普通教育处在同等重要的地位。也就是说,职业教育和普通教育不再有高低层次的差异,更不

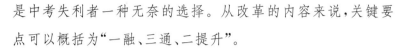

是中考失利者一种无奈的选择。从改革的内容来说，关键要点可以概括为"一融、三通、二提升"。

"一融"是指要进一步推进产教融合和校企合作，比如说要把企业开展职业教育的情况纳入它的社会责任报告中，要主张设立由企业、行业、社区、校友等各方面代表组成的议事协商机构，共同参与到学校的管理、支持学校的发展中等等。"一融"就是要促进全社会去形成共同来举办职业教育的一个大职教的气象和格局。

"三通"是指"普及联通、升学贯通、出口畅通"。首先，"普及联通"意味着未来普通教育和职业教育之间的连接会更多更紧密。比如说中小学，其实现在也已经有开展职业教育的体验日，这也是对职业的一个启蒙认知，包括劳动教育这一块，未来会用到更多职业教育的丰富资源，这就是普及联通的关系。其次，"升学贯通"。以往家长觉得选择了中等职业教育，就是终结了升学的轨道，未来就没有上升空间了。事实上这几年职业教育升学发展的天花板已经被打破了，从中等职业教育到高职再到职业本科，甚至职业研究生，这样一条纵向的体系已经构建落地了，所以这个升学贯通也是新《职业教育法》确立的要点。还有一个就是"出口畅通"。从新《职业教育法》的文本来说，明确提出职业学校的学生在升学、就业、职业发展上和同层次的普通教育的学生享有平等的机会。

这位家长关心的问题正是我们刚才谈到的"一融、三通、二提升"中"二提升"部分的内容。"二提升"是指要进一步提升职业教育的办学质量，同时进一步提升整个社会对职业教育的认可度。从新《职业教育法》中能看到，规定每年5月的第二周作为职业教育活动周,目的就是要在整个社会弘扬劳动光荣、技能宝贵、创造伟大这样一种社会风尚。所以,对于初中阶段孩子来说,在兴趣有倾向性发展的前提下,可以去探寻所热爱的专业领域,选择贯通升学的方式去衔接未来的职业,这和普通教育能够走的升学通道是完全一样的,没有什么高低层次的差异。

问题二 我女儿读初三,虽然没有系统地学习过绘画,但对绘画特别感兴趣,她自己也会寻找网络视频资源自学。对于孩子现在这样的情况,有上职校的可能性吗?

沈蓝 这位家长提出的疑虑也是历年来很多家长和学生感到焦虑的问题。虽然在报考职校的时候是需要选择专业的,但是近几年的考核测试主要还是侧重于同学们对艺术的一种热爱,以及对笔墨的能力和色彩感觉,并不会像社会艺术水平考级那样苛求孩子的具体技能水平,主要还是看孩子的艺术感觉。所以整体来说胜算还是很高的。

上海举办的中本贯通"3+4"和中高职贯通"3+2"专业是一种新型的育人模式,它的培养模式类似于直通车,孩子在这里可以顺畅、放心地升入自己心仪的专业和高校中。在文化课学习上,贯通专业也是选择了普通高中的教材进行学习,在此基础上还增加了通识知识的学习,比如说环境设计专业的同学在未来需要用到物理专业领域的知识,也会开设物理课程,然后对所有艺术类的同学都会开设艺术鉴赏类课程,充分设置了丰富的课程体系,通过一体化的人才培养模式,在有效避免重复设计课程的同时,更好地凸显校企的融通融合优势,通过过程性课程，让学生去接触企业、行业真实的任务项目，培养为社会服务的这样一种社会责任感。

校企合作早已不是派遣学生去企业实习就业的合作模式了，现在有更加丰富多样、紧密融合的合作形态，比如学校集团，以某一个特定的专业集群角度去组建这样一个集团，集团里面有各类职业教育、企业、行业，大家一起共享资源等等。所以，整个育人的过程，包括未来的就业机会，其实是非常有保障的，通过一系列的磨炼和学习，自然而然地缩短未来学生走向社会和职场以后的适应和磨合。这是职业教育很重要的一个特色彰显。

当前的职业教育已不再是对"上不了高中的学生的教育"，而是学生成长成才的一条可选择的教育路径。随着中本贯通、中高职贯通等招生方式的推进，为那些擅长动手、适合应用型学科的学生提供了更适合的发展路径。家长也要正确认识孩子的特点，和孩子一起选择成长成才的生涯路径。

国家职业心理咨询师、国家二级心理咨询师

张楚涵

28.

如何与孩子在暑期建立
良好的亲子关系

2022 年 7 月 3 日直播

经过一段时间的网课，孩子们迎来了暑假。家长和孩子的心态各有不同，有的家长觉得上网课天天面对面，暑假还要面对面，亲子关系将会发展成什么样，有点不敢想象。但有的家长则认为，两个月的暑假好好计划一下，可以促进亲子关系更加融洽。

主持人 《上海家长学校家长服务热线》节目邀请到国家职业心理咨询师、国家二级心理咨询师张楚涵，和大家一起聊聊疫情后的这个暑假，家长和孩子们应该如何做计划才能建立良好的亲子关系。

问题一 孩子的作息不是很规律，又喜欢使用电子产品，如今这类情况更频繁了，要如何和孩子一起去规划这个暑期的时间安排呢？

楚涵 这个情况还是很有普遍性的。很多家长反映，上网课之后手机、平板电脑的使用情况越来越频繁，家长会疑惑：孩子是在上网课吗？孩子会不会偷偷玩其他的东西？如果暑假期间不上网课了，那还能不能信任他？所以，由电子产品引发的亲子矛盾其实是非常多的。那么如何去调解这方面的矛盾呢？我觉得家长还是要稍微放宽一点,这样才会有效地约束到孩子。比如和孩子商量一个双方都能接受的"玩手机时间",然后要让孩子知道,如果今天在约定时间内使用手机没有超时,那么妈妈就会很开心,而不是孩子没有完成约定就要惩罚,不给玩了。这就是家长要给孩子预留有效时间,而这个时间是孩子所希望的。暑假不像我们在平时学习中那么紧绷,比如平时只能玩半小时,那么暑假期间可以适当延长一些。这些都是可以跟孩子去讨论的。还有,要提醒的一点是,不要把游戏当作洪水猛兽。有时候把它当成放松的方式,效果反倒会更好。家长给了孩子放松的快乐时间,那么孩子会把好的学习状态和积极的情感状态返还给家长。其实孩子的心里也是有数的,所以父母对待手机不要那么负面,要给予孩子足够的信任,在和孩子沟通的时候,也要注意语气不要带有负面情绪。

问题二 我孩子开学读初三,这个暑假对他来说时间是很宝贵的,但是上网课期间孩子已经比较辛苦了,我们也希望他可以放松一下。那么,要如何规划才能让孩子做到既能放松又能在学习上有所收获呢?

楚涵 对于初二以及高二学生来说,建议按一定比例来分配时间。比如问问孩子,凭他对自己的了解,认为暑假当中学习和放松的比例应该是多少。有的孩子会说六四分。如果开学升初三或者高三呢?他会说七三分。那么继续追问寒假怎样分配,包括最后奋战 100 天的情况等等,这个时间比例越具体,孩子就会对自己的情况越有清晰的认知。这里我要强调一下，中高考阶段的孩子，心理压力问题也是不可小觑的，严重的时候甚至会出现幻觉等。所以特别要建议的是，暑假一定要给孩子放松的时间，就算是中高考阶段，放松也是必不可少的。其实让孩子开心地玩，他在学习的时候才会尽全力学。如果不给他放松的时间，反而会适得其反；好多孩子看似是坐在这里了，其实心早就飞走了。所以父母可以尝试和孩子一起细化每个阶段，把放松和学习的时间比例交给孩子来选择。学习的时候好好学习，玩耍的时候尽兴地玩耍。

孩子在上网课期间的在线学习，让手机等电子设备使用成为常态，也对孩子的自主管理和时间管理提出了很高的要求。家长应正确看待孩子的手机使用，加以合理引导与约束，通过有效的亲子沟通，约定规则并执行，就能一点点培养起孩子的这种自我管理能力。

全球儿童安全组织（中国）首席代表

崔民彦

29.

儿童暑期安全教育如何开展

2022 年 7 月 10 日直播

　　每到暑假,政府、社会、家庭就会全方位关注儿童暑期的安全教育。在上海市教委发布的"2022 年中小学生暑期安全提示"中,首先提到的是加强疫情防控,其二是注意交通安全,其三是预防溺水事件,同时提醒居家安全、安全使用网络、重视旅行安全、加强心理安全等。那么,暑期安全教育该如何开展呢?

　　主持人 《上海家长学校家长服务热线》节目邀请到全球儿童安全组织(中国)首席代表崔民彦,和听众聊聊如何度过一个平安、健康、快乐的暑假。

　　问题一 我的孩子特别热衷于上网,我出门的时候已经把家里的网络关了,但孩子还是能上网,所以很担心孩子玩游戏、聊天,看视频的内容是不是正确、安全。要如何确保孩子使用网络时的安全呢?

　　崔民彦 现在的孩子实际上是伴着网络在成长的,所以一些基本的东西还是需要和孩子进行交流。我曾经给初中生举了一个例子:网络上有一个人说他正在喝一杯很好喝的奶茶,那么你们认为这个人在哪里?这个人几岁了?有的学生说,他在奶茶店门口或者在一个公园里,他和我们一样大。但实际上并不能确定,有可能这个人已经 40 岁了,有可能这个人是在车库或者非洲的某个地方。很多信息实际上是不能确定的。所以,家长要和孩子确立一些概念。

第一,网络上交流时陌生人的信息大多是虚拟的。很多有不良想法的人会通过网络交流来吸引这些年轻人,所以不要轻易和陌生人交流,从而引入一些不好的信息来源。第二,千万不能透露过多你的信息。比如家庭地址、电话号码等等,你透露得越多,就会产生"他"很了解"我"的误解,从而一步步地走进"他"设计的陷阱里。第三,陌生链接不要随便点开。现在很多链接都是钓鱼程序。当你不能阻止孩子在你不在场的时候偷偷上网,那就要教会孩子辨别网络信息的好坏。比如哪些信息看了会让你觉得不舒服,这些信息就有可能是负面的,当孩子碰到这类信息时,可以不看,也不要参与交流。有时交流的内容或者评价的方式会让孩子不舒服,那也不应该参与。实际上,孩子的感受很重要!一些原则性的东西,一定要先告诉孩子。

很多家长对孩子上网还是很不放心的,那么家长可以和孩子沟通协商一下,除了上网课的时候可以待在房间里面用电脑,其他时候可不可以在客厅或者家长可以随时关注到的地方使用电脑。这不是监督,而是作为家长在看到这些信息的时候自身也可以学习,同时可以及时帮助孩子回避掉一些不适当的网络信息。

所以,在培养孩子使用网络的整个过程中,先要告诉孩子一些原则和习惯,这样在后期就能比较好地把控。一旦到了难以掌控的时候，家长可以用技术手段等跟踪孩子的网页流量。但是对于这种方法，孩子会觉得这是"不信任"和"监视"。对于网络安全问题，不仅学校要重视教育，家庭中的沟通和交流也是帮助孩子正确上网、获得所需信息以及参与积极正面交流的重要途径。

问题二 暑期溺水的新闻很多，我在家乡也遇到过这类事件，除此之外还有很多坠楼、用电等隐患。暑假要怎么消除这些安全隐患呢？

崔民彦 暑假是很多安全事故的高发期，值得关注的第一个安全隐患就是高空坠楼。除了要注意在家里阳台装上护栏，还要注意其他房间的窗户。曾经有一个高坠案例，这个家庭的阳台、卧室都装有护栏，但是家长卧室卫生间的窗户没有装护栏，孩子就从这里掉下去了，所以住在高层住宅的家庭，一定要注意对每个房间的窗户安装护栏。除了家里，走廊、楼道的窗户和楼顶天台也要注意，这些地方都是高空坠楼事故的高发地。

第二个隐患就是用电安全。很多孩子会自己用微波炉热饭菜吃，在教孩子使用明火或者微波炉的时候，也要教会孩子一旦发生着火或者烫伤该如何处理应对。比如说把食物放进微波炉加热完毕后，门刚打开时，脸不要凑上去，而且身体要在微波炉门的后面，这样如果有热气或者发生危险的时候，可以减少伤害。

第三个隐患就是溺水。暑期是溺水的高发期，而且长三角地区河流水库较多，很多孩子对于在什么地方可以游泳是不清楚的。这一点家长要做好教育：可以游泳的地方，一定是配有救生员的，并不是看到有其他人在游泳的地方就可以游泳，因为我们并不知道这个水域的情况，下面是不是有暗流等危险情况。另外，家长可以提前做一步，多做一点警示标识给小朋友。相关部门也要在河流水库处加强巡逻，预防孩子到危险水域里游泳。

第四个隐患是道路安全。很多孩子会骑自行车或者玩轮滑等，但这些运动千万不能在道路上进行。家长在给孩子配备运动工具的时候，要告诉孩子使用的规则，在哪里可以玩，哪里不能玩。小区中的机动车道也是这类事件的频发地，很多小朋友觉得人行道太窄，喜欢到小区门口的宽阔地带玩耍，但实际上小区门口是车辆往来最频繁的地方，非常危险。

家长可以和孩子制定一些安全约定，比如：不要随便给陌生人开门；陌生人要带"我"去一个地方，坚决不能走；陌生人给的食物，坚决不能拿；等等。但在建立约定之后，也要告诉孩子后续应对的办法。

孩子的安全是大事，安全教育做在前，尤为重要！

暑期安全教育是家庭教育非常重要的组成部分，无论是孩子的交通安全意识、用电安全意识，还是网络安全意识，都需要通过家校共育，并且由家长以身作则、榜样示范，方能内化到孩子们的心中。

上海市长宁区古北路小学校长

金 珏

30.

在假期高质量地完成作业

2022 年 7 月 17 日直播

"双减"政策出台之后,如何更好地满足不同孩子的多样化学习需求?2022年年初上海全面启动了高质量作业体系建设,并且在刚刚过去的一个学期空中课堂中有所体现。那么在长时间的空中课堂学习之后,如何在暑假中仍能贯彻高质量作业体系呢?怎样才能高质量、高效地让学生们有所收获呢?

主持人 《上海家长学校家长服务热线》节目邀请到上海市长宁区古北路小学校长金珏,和大家共同探讨在这个暑假中如何设计和呈现高质量作业。

主持人 家长应该怎样理解"高质量作业"这个概念?学校又是如何设计暑假作业的?

金珏 高质量作业首先还是要切实减轻学生过重的作业负担。

总体来说,首先要明确暑假作业布置的目标。暑假作业对孩子来说,其实就是利用各种方式进行自主回顾和梳理,对上学期学习的一些内容进行查漏补缺,并针对一些弱项或者不足之处进行强化学习或者训练。鼓励孩子用各种方式来记录自己在暑假生活中的所见所闻,在愉悦、真实的情境中去完成暑假作业,以此来培养孩子可持续学习的能力。其次,就是暑假作业的量度、难度要如何把握。要贯彻"双减"政策精神,每天的暑假作业按照低年级的作业总量不超过 1 小时,高年级的作业总量不超过 1.5 小时来实行。这样就能保证孩子在每天完成暑假作业后,还有一定的时间用于自由支配,比如培养自己的兴趣爱好,或者对自己感兴趣的话题和内容进行深入探究。对于难度的把握,还是以暑假生活为基础,既要考虑到个体差异,也要保证大部分孩子能够完成作业。最后,暑假作业的布置不拘泥于形式和内容,更多地要激发孩子们的创新能力,不再一味地强调书面作业,而是把这类作业用更多丰富多彩的形式和内容去呈现,比如说锻炼孩子在数学上的运算能力,就根据不同的年级开展自编口算题、算"24 点"、关注购物优惠等等,这样可以让孩子更多地去关注生活,把数学应用到生活中。还可以结合语文新课标的要求,向孩子们推荐一些合适的课外读物,让孩子们运用课内所学的阅读方式,对课外书籍展开阅读,或者通过绘制人物图谱、故事讲述、图书小报的方式来完成这样一份作业。

问题一 很多家长说,暑假是实现"弯道超车"的好机会,那么孩子的暑假学习、生活、健康等方面应该怎么安排更加合理?

金珏 第一,暑假计划要考虑到方方面面,比如说作息时间表。因为假期没有规定的课程时间,孩子的作息也会有一些变化,制定作息时间表可以保证孩子的学习时间和科学的生活安排。

第二，每天坚持锻炼一小时。坚持进行一些运动项目的锻炼，每天做记录。

第三，更多地安排一些实践。比如说家务劳动，一、二年级的孩子可以擦桌子、收拾自己的衣柜、洗洗自己的袜子等等；三年级的孩子可以学习种一盆绿植，种一些水培的菜、用洗衣机来洗衣服、学会自己洗头，或者做一些垃圾分类等等；高年级的孩子甚至可以学着帮家长做一些简单的饭菜，或者制定家庭出游计划和攻略。还提倡四、五年级的小朋友能够积极参与到公益活动和社区服务中去，走出家庭，走向社区，关注生活，做一名小小的志愿者。

第四，对孩子进行一些职业教育的启蒙，设计一些符合孩子水平的跨学科综合实践作业。这类作业让有兴趣的孩子自主选择完成，可以和志同道合的小朋友组团完成实践体验，让孩子在暑假实践过程中收获参与社会实践的兴趣，培养孩子发现问题、分析问题和解决问题的能力。

案例分享 夏同学妈妈

这个暑假对于我的孩子来说是比较特殊的，因为他要从小学跨入中学了。作为古北路小学的一名毕业生，"劳动创造美好生活"一直是他在学习和生活中切身体会到的。所以在这个暑假，我们也想把古北路小学的这个劳动理念延续下去，就和孩子一起制定了"劳动创造美好生活"暑假计划。在疫情管控期间，家长和孩子是朝夕相处的。我发现孩子对家庭生活的参与度和积极性是越来越高了。就拿做家务来说，像叠衣服、叠被子、整理房间，包括帮厨这类力所能及的家务，其实他在一二年级的学校劳动课程里就学过了，但因为我总是会不自觉地代劳这些事情，无形中就剥夺了孩子练习和掌握这项技能的机会，所以利用这次居家的机会，我想放手让他去实践。这个学期的居家生活中，除了已经学会和养成习惯的家务外，他对爸爸的工作内容和方式也开始感兴趣了，这正好也是一个职业导向的机会，他有自己内在的积极性，让我很高兴。正是学校在劳动教育上层层递进的课程设计，让孩子的意识和行动在几年之内的潜移默化中有了质的飞跃，而且我也感受到孩子是真的在生活经历和体验中得到成长。今年这个暑假，我们主要是把家里的吸尘工作交给孩子，也算是让他锻炼身体，然后把卫生间的清洁工作也交给他，提醒他关注生活卫生习惯上的一些细节，还让他负责每日的配餐，因为五年级的自然课上正好学了营养与健康知识，也算是学以致用。希望这个暑假以后，孩子可以带着自信的笑容踏入中学的课堂。

　　假期中的学习并不需要像学校那样具有非常明确的课表安排，而更应该注重学习方式的多元化和促进孩子们的德智体美劳全面发展。家长如果能够利用参观社会场馆、外出旅游等亲子活动时间，同样能让孩子收获一个提升学习能力的有意义、有成长的假期。

共青团上海市委员会 12355 青少年公共服务中心

心理咨询师、国家二级心理咨询师

张　颖

31.

良好的家庭环境助力孩子
身心健康发展

2022 年 7 月 24 日直播

家庭氛围对每个人的成长都有着很大的影响，家庭教育的重要性尤为凸显。在父母对孩子的教育中，自身行为习惯对孩子造成的影响不容忽视，一些不经意的坏习惯很可能就成了孩子耳濡目染的学习对象。

主持人 《上海家长学校家长服务热线》节目邀请到共青团上海市委员会 12355 青少年公共服务中心心理咨询师、国家二级心理咨询师张颖，和大家聊一聊家庭教育的方式将会对孩子产生怎样的影响，怎样的家庭氛围才最有利于孩子成长。

张颖 第一，家长的"任性"行为。通俗地讲就是以"爱"的名义，让孩子听从自己。一些父母的内心其实是非常执着的，比如今天温度高、太阳晒，你就要打伞。但这些所谓执着的想法，对孩子的成长到底是好还是不好，其实我们没有办法确定。有时候需不需要打伞真的不重要，但是因为这件事情影响到亲子关系就不好了。那么这个时候谁会很执着呢？一定是家长。

第二，家长的"不真实"行为。这里的"不真实"，更多是指隐藏自己真实感受的行为，比如说父母其实并不满意孩子的成绩，但是为了照顾孩子的情绪就隐瞒自己的心情，告诉孩子说没有关系,你随便考几分我们都是可以接受的。其实不如真实地告诉孩子,"你的分数爸爸妈妈是不满意的,但它不代表我们不爱你"。当你能够分清楚你的情感和你的爱其实并不是等同的时候,孩子就会感受得到了。他们更需要的是一个真实的父母,如果你表现得虚假,那么孩子也会虚假,久而久之就变成一个分裂性格了。

第三,家长的"利己"行为。很多父母的一些行为都是只为自己考虑的。比如,平时有朋友来家里,家长都会招呼孩子去向叔叔阿姨问好,如果这个时候孩子正在很用心地做事情,那么就不太合适了。但是作为家长则完全是为自己考虑,这对孩子的影响也是非常大的。

问题一 我儿子3岁,性格活泼好动。孩子的爸爸是一名医生,由于疫情影响,他的工作很忙,陪伴孩子的时间非常少。我有点担心在宝宝的成长过程中,父亲这种力量型角色的缺位,会不会对孩子的各方面产生一些影响?

张颖 这位妈妈的担心,也是很多家长的担心。其实爸爸缺位的情况是比较多的,虽然他们也不是有意这么做的。在孩子心理和生活中,爸爸确实是非常重要的形象存在,可以分为现实中的陪伴和心理层面的父亲形象。如果说现实当中爸爸因为工作原因不能陪在孩子身边,那么妈妈在这个时候可以借助一些东西来减少孩子缺失父亲的感觉。比如可以讲述爸爸在参加防疫工作中的故事,不断地给孩子树立一个勇敢、有担当、高大的爸爸形象,甚至可以给他看一些视频或者对话等等。在这个过程中,孩子就会觉得,"我"的爸爸虽然不在身边,可是他好勇敢,好厉害,他做了很多很有力量的事情,这个时候爸爸形象的能量感就没有缺失。

在孩子的内心永远有两股能量,一股能量来自爸爸,另一股能量来自妈妈,这两股能量不能互相纠结,所以要多告诉孩子爸爸妈妈之间美好的回忆,因为每个人都希望自己是爱的结晶。有些妈妈在缺少父亲角色的家庭中,会有一些焦虑的情绪,所以在给孩子讲爸爸的故事时,不但可以疗愈孩子,也可以疗愈自己,这是一个双向的情绪支持。

问题二 孩子自律性比较差,我情急的时候也吼过孩子,事后觉得后悔。想请教一下老师,怎么样才能让孩子有一个自律的好习惯?

张颖 小学阶段的学业没有初中或高中那么繁重,反而是我们培养孩子良好习惯的一个好时期。习惯包括学习习惯和生活习惯,对于3至6岁的孩子来说,是形成良好生活习惯的过程。作为家长,我们要知道孩子自律的情况是怎样的。什么叫自律?就是自己管自己。当然现在他已经到这个年龄了,在学习方面你和他说你要管好你自己当然很难,但是我们作为家长,我们还是要有一个教练的心态,借用生活方面的事情,让他慢慢学会自律。比如管好自己的穿戴,管好自己的小课桌,管好自己的点心,管好自己的零花钱,甚至可以管好家里其他人等等,他是在学会一种能力。孩子很聪明,可以以点带面,这个时候他会发现"我在学业方面也可以这样做"。当他能做到一件事情之后,另外的事情也能做到,这个时候家长再学会慢慢放手,在循序渐进的过程当中,孩子自然而然就会习得自我管理的能力。

家长也需要成长和修炼，通过自己的情绪控制，平衡情绪和心态，发挥好父母各自的角色功能，就一定能陪伴孩子收获更好的成长。

上海市静安区家庭教育指导中心主任

陈小文

32.

父母的教育期望与孩子的
成长收获

2022 年 7 月 31 日直播

望子成"龙",望女成"凤",是每个家长对孩子的期望,但每个孩子都是独立的个体,都有自身的特点,该如何设定教育期望才更加合理有效呢?

主持人 《上海家长学校家长服务热线》节目邀请到上海市静安区家庭教育指导中心主任陈小文,和大家聊聊在孩子的成长过程中,父母该如何适时调整对孩子的期望和教育方式。

问题一 我女儿马上读一年级了,平时的兴趣爱好是画画、音乐和跳舞。我想请问专家老师,该如何去设定一个期望值,能在兴趣爱好的学习方面更好地鼓励她。有时候觉得督促太紧会引起孩子的逆反心理,怎样来设定期望会比较合理呢?

陈小文 一般来说我们给孩子设定一个期望值,就是不要过于量化。前几年家长当中特别风靡让孩子学艺术,比如学钢琴,最好能够跳级考试,考完十级再上专业,但是真的做到这个状态的孩子并不多。所以这位妈妈说的非常好,希望孩子能够喜欢上这个课,这个"喜欢"就可以作为一个期望值。

绘画有考级,唱歌有考级,乐器也有考级,先把这些所谓的量化指标往旁边放一放,因为支持孩子持续学习下去的,就是他内心的"喜欢"。那么家长鼓励的是什么呢?比如说今天她可能是带着一点小情绪去上课的,但是在老师的鼓励或者要求之下,她慢慢地展现出了她认真的舞姿或者是新的笔触,对于这些,家长就可以去赞美她,而一旦赞美了孩子,她就会知道:第一,家长很欣赏这种状态;第二,哪怕之前不开心,但是现在认真的话,父母不会揪住之前的过错。孩子总是希望听到父母的赞美,这种赞美在孩子内心当中是最有价值的,也是他后续学习的动力来源之一。另外,家长还可以记录孩子学习艺术时的一些状态,比如拍摄一下孩子画画时的状态,然后给他看,告诉孩子刚才专心绘画的样子太美了。这些赞美都会和家长的期待值发生正相关。否则每一次学习都像完成任务一样,孩子慢慢地肯定会对学习产生一些抵触。做到这些之后,等孩子的兴趣比较浓厚的时候,就可以适当地再提一些量上的要求。

问题二 对孩子的期望应该定得高一点还是低一点?高了比较有成长的空间,但同时也会增加孩子的压力,这该怎么办? 期望到底应该高还是不高?

陈小文 期望的高和低,没有标准答案,但是把握"度"很重要,而且需要动态地适度调整。有的孩子想要学钢琴可能是心血来潮,在学琴的过程中遇到困难的时候,就会发现弹钢琴原来没有自己想象的那么潇洒。所以在给孩子设定目标的时候,首先不要过度地量化。当孩子到了一定年龄阶段的时候,要和孩子有一个讨论,共同制定一个目标,这也是让孩子有一个思考的过程,要让他来做这个决定。我们要把对孩子的所谓期望变成孩子对自己的期望。每个人都会遇到困难,每个人都会遇到挫折,他要往后退一退,或者歇一歇可不可以?当然可以。作为家长,要做的是陪着孩子一起去前进,而不是押着孩子去前进。让孩子觉得这是自己需要的,虽然苦,但是有爸爸妈妈一起来帮助自己就能克服。这样的话,高目标、低目标孩子都能够从中获得乐趣,获得他成长的养分。

还有一点就是,家长在对孩子抱有期待的过程当中,自己也不能原地踏步。父母是孩子的导师,是孩子成长路上的伙伴。如果孩子看到我们在这种简约生活当中的那些追求精致、追求质量的态度,这就是对孩子一个最好的鼓励,而这些和我们的财富、我们的社会地位其实关联不大,这种生活态度是我们每个家长能够给予孩子实现所谓期望值的一个最好的支撑。放下所有的所谓量化目标,重点放在培养孩子的基本能力或者基本兴趣上就足够了。一个热爱生活的孩子,一个认真对待事情的孩子,哪怕他不能够成为一个学霸,他也绝对能够成为一个对社会、对家庭有用的人。

家长在设定对孩子的期望时,首先要做到符合孩子自身的特点和客观能力水平,其次是设定孩子"能够跳一跳够到"的目标,这样在不断见证孩子一点点成长的过程中,不仅家长自己能感到欣慰,也能让孩子获得更强的自我效能感和自信心。

北京师范大学中国公益研究院儿童社会工作中心专家

章淼榕

33.

爸爸妈妈的教育理念存在差异怎么办

2022 年 8 月 7 日直播

伴随着成长,孩子接触的外部世界逐渐扩大,需要父母关心、引导的事情会越来越多,因此,父母在育儿的方式方法上难免产生分歧。很多书籍都说家长在孩子面前要"统一战线",但来自不同家庭环境成长起来的爸爸和妈妈,在教育理念上多多少少会存在不同。

主持人 《上海家长学校家长服务热线》节目邀请到北京师范大学中国公益研究院儿童社会工作中心专家章淼榕,和我们聊一聊家长在教育孩子方面该如何"统一",教育理念的差异将给孩子带来怎样的影响。

问题一 我的孩子现在4岁,上幼儿园中班。孩子妈妈现在就开始着手准备教育方面的书籍了,还要报一些兴趣班。我觉得4岁的孩子应该以玩为主,学习、教育到了上小学再说也来得及,没必要像现在这样焦虑。对此我和孩子妈妈现在有了理念上的不合,请问老师应该怎么解决?

章淼榕 正如这位爸爸说的,有时候妈妈会很焦虑很担心,想让孩子赢在起跑线上,这样的心理其实是很普遍的。对于妈妈的这种心理,爸爸首先应该是要有一个接纳,听她诉说她的这种害怕和担心,让她把情绪释放。如果你着急去反对,那么她会更焦虑,她会觉得你都不站在她这边,所以她就会更加地执着于她的想法。其实这也是一种抵抗焦虑的行为。女性本身在情感上会比较丰富,男性会更加强大一些。所以,首先要学会接纳情绪。

第二,妈妈其实可能对早期教育还是有些误解的。我们说的早期教育并非这么小的孩子直接给他看这些认知方面的东西,而是指早期家庭教育指导,通过专业人士给到一些建议,看到孩子的潜能在哪里,促进亲子关系当中那种依恋的、安全的情感,让孩子能够有一个安全感,然后更好地去探索这个世界。在早期,孩子一定是个性化的,他的个性化特征是特别明显的,所以要看到孩子的这种独特性,根据他个人的这些独特性去发展,逐渐建立一种自信。

第三,就是在孩子早期的个性化教育中,要获得更多的专业指导。比如家长觉得,"我身边的同事都是这样做的,那么我的孩子也不能落后",这些行为其实都是来自焦虑以及受到影响的方面。所以,爸爸可以在一个比较缓和的气氛当中,和妈妈聊·聊童年。教育观的形成,有很多是来自对自己童年的回顾和总结。家长往往会希望在孩子身上能够把自己童年的遗憾补回来,然后把自己觉得好的东西再实施在孩子身上。所以,父母各自回顾一下自己受到的童年教育,讨论一下到底什么是真正对孩子发展有帮助的,再联系如今这个时代的特点,尊重孩子的个性。

问题二 祖辈和父辈之间存在教育理念上的差异,这种情况要怎么缓解呢？

章淼榕 这也是一个经常被提及的问题。老人往往会觉得自己在教育上是有话语权的，甚至直接就实施了。但是也不排除有些祖辈是分得很清楚的。我们一般认为教育的主导权应该交给父母。很多孩子在早期教育中，大多都是有祖辈介入的，但是到孩子青春期，祖辈开始可能就有心无力了，这时候祖辈就会觉得帮不到自己的孩子去教育小孩了，会觉得很痛苦。祖辈觉得痛苦其实就是因为观念上的混淆，厘清之后反而觉得解脱了。祖辈总觉得自己是有责任的，他的压力也是很大的，所以大家要有一个相互的理解。其次就是不同的老人其做法不同。有些老人比较开放，他愿意接受新的知识，但是有些方面他觉得自己的东西就是很好的，这个时候就要分清楚实施教育的一些领域，比如奶奶或者外婆来教孩子识字，但其他一些方面就是爸爸妈妈来，让祖辈成为父辈很好的帮手。如果大家能够比较平等地来谈这个问题的话，对孩子来说肯定也是最好的，因为形成了教育的合力。

在家庭教育中，父母之间、祖辈之间可能会出现意见不一致的情况，此时不应靠谁强势来决定，而是要通过对科学育儿方式的判断和思考，选择最适合孩子成长发展规律的方式。家庭内部采取一致化的家庭教育行为，方能更有利于孩子的成长和发展。

上海市宝山区行知外国语学校校长

朱　萍

34.

如何做好开学前的准备：
幼小、小初篇

2022 年 8 月 21 日直播

　　距离开学还有不到半个月的时间,很多家长和孩子都准备从暑假向新的学习生活过渡了。许多孩子正面临着“幼升小”或“小升初”,那么这个阶段中的家长需要做哪些准备,注意哪些方面呢?

　　主持人　《上海家长学校家长服务热线》节目邀请到上海市宝山区行知外国语学校校长朱萍,来和听众聊一聊“幼升小”和“小升初”阶段家长与孩子都需要做好哪些准备。

　　朱萍　其实在“幼升小”阶段,家长更多地要培养孩子的一些习惯养成,比如学习习惯、生活习惯和行为习惯等等。孩子在幼儿园时期主要的活动方式被称为“游戏”,而进入小学以后更主要的是“学习”。这两个词的变化也寓意着从“保教保育”阶段进入了“教育教学”阶段。那么,在孩子经历转变的过程中,家长又需要做些什么呢?

　　第一,养成好习惯。这里包括各个方面的习惯,学习做事上认真倾听他人发言,做事专心不拖拉,回答问题的时候要起立,跟老师同学交流时要清晰响亮。生活上要按时起床、准时入睡,自己的事情自己做。比如提前一晚自己检查整理好书包和学习用品,清楚自己有几块橡皮、几支铅笔等等。这都是一

些生活习惯上的准备。

第二，多沟通、多陪伴。多沟通，就是要多与孩子交流，尤其是在孩子新入学的第一周，可以和孩子聊一聊今天上学的感受，有没有发生一些比较快乐的事情，学到了什么本领，增长了什么知识，交到了什么朋友，等等。让孩子通过一种快乐分享、成果分享的方式来缓释压力，同时家长也可以了解到自己的孩子在学校里的一些进展，避免产生盲目的担心。

第三，少比较，少打骂。少比较，就是不要把自己的孩子跟其他孩子进行比较。其实每个孩子都是一个天使，每个孩子都有自己身上的闪光点和长处，当然也有相应的短板，把自己的短板和别人的长处去比，本身就是不公平的。少打骂，就是不要用很粗暴的方式去教育孩子，动辄打骂会给孩子幼小的心灵带来很大的阴影和伤害。

案例分享　家长听众

我孩子今年 9 月就要上小学二年级了，刚刚度过"幼升小"阶段，听到老师们的分享，有很多共鸣和感受。

首先，家长和孩子都要从观念上有一个转变，积极适应小学生的身份。马上要变成小学生了，其实孩子也是很骄傲、很期待的。这时候我和孩子爸爸的第一步就是通过一些网络渠道，比如公众号、官网这种平台和孩子一起，提前了解一下即将踏入的学校，比方说很漂亮的教学楼和操场，还会带孩子一起去学校门口看一看小哥哥小姐姐们放学的场景等等，这样可以让孩子有一个比较直观的感受，在心理上先去适应。然后，一定要好好培养孩子的自理能力和独立意识，比如午睡习惯、整理书包等等。

其次，注意到孩子在情绪和情感上的变化。言传身教，多多陪伴孩子，给予足够的安全感，让孩子的内心变得强大，从而拥有更大的驱动力去面对陌生的环境。同时，创造一个和谐良好的家庭环境，学会控制情绪，尽量不要在孩子面前发生冲突。

最后，信任学校和老师。适度与学校老师进行交流，再结合孩子在家里的状态来了解孩子的情况。

问题一 我女儿开学上六年级，处在"小升初"关键阶段，这也是孩子各方面比较敏感的一个年龄阶段。我想请教一下老师，该如何与孩子进行有效沟通？在电子产品的使用上要如何控制，才能让电子产品既作为学习和培养兴趣的工具，又能做到一个正面的赋能？

朱萍 家长一方面比较担忧刷手机占用孩子的学习时间或者休息时间，另一方面也担心网络上一些负面的东西会带偏孩子的三观。实际上这背后涉及对孩子信息素养的培育，不能一味躲避，而是要正面去应对。作为公民，我们要有辨别真伪、去伪存真的能力。作为家长，我们不能简单粗暴地夺掉孩子的手机，而应该协商性地和孩子"约法三章"，比如约定时间、内容和分享习惯。时间上控制在每天半小时或者一小时之内，有一个浮动空间，但是我们在整体的量上有一个约束和把控，这是时间上的约定。在内容上，现在很多 APP 都有个性化的推送，所以内容上我们也可以有一个大的框架，哪些内容适合，哪些内容要杜绝，可以进行一个筛选。此外，家长和孩子还可以对一些网络上的热点话题进行探讨分享。比如对待这件事情，孩子怎么看，家长怎么看，这时候家长全面、客观的分析也是在给孩子一个引导。所以，我们要通过一些方式引导孩子科学、合理地使用手机，让手机成为陪伴他健康成长的伙伴。

这个案例其实也引申出青少年时期如何进行亲子沟通的问题。这个阶段孩子的自我意识是飞速建立的。他有自己的想法和看法之后，在和家长的沟通上就容易有壁垒，那么如何去打破亲子沟通的壁垒？我们从家长的角度，不妨分以下几步来走。

第一，了解青春期孩子的特点。尤其是初中阶段，正好是一个人从幼稚走向成熟，从儿童走向少年时期再成为青年的变化阶段。首先，在生理发育上有一个过渡性，在思维上还有一个主观性。其次，在心理上具有封锁性和开放性。青少年的内心世界日趋复杂，不再轻易地将自己的内心活动表露出来，特别是面对父母、老师等成人，但面对同龄人，他又有一种渴望与人分享的开放性。最后，还有一个动荡性。青春期的情绪会有敏感、偏激、冲动和不稳定等等情况出现，因为它有一个慢慢建立成人模式的过程，这其实并不是孩子的问题，而是这个年龄段普遍的特征。

第二，理解孩子的变化。这个阶段的孩子往往有学习和人际交往上的一些变化，家长要给予充分理解和接纳。小学阶段，孩子们学的内容还是比较浅显的，往往一个知识点或者某一个内容要分几个课时来讲，但是到了初中之后，学习的容量和密度都比小学加大了很多，学习要求、讲解方式等等都会有不一样的地方。有些孩子刚开始上初中，可能会出现成绩下滑，这时候家长就会比较急切和担心，但实际上学习本身的难度和对孩子的挑战都在增加，所以这一步就是要求家长们理解孩子的变化。

第三，陪伴孩子成长。在孩子面临许多变化的时候，家长也要陪伴他的成长。比如说当孩子遇到学习上的困难时，家长可以给予他一些积极的支撑。另外，在青春期出现生长发育一些生理上的变化时，传统的中国家长可能都比较含蓄，羞于去谈这些话题。但其实这样一个变化也是很重要的，我们可以让爸爸和儿子聊一聊，妈妈和女儿聊一聊，就是说早一点让孩子知道这是一个变化，是一个人长身体时正常的变化，那么他就不会感到很羞耻或者难过，可以更自然地去面对自己的成长。

面对"幼升小""小升初"的学段转换，每个孩子都需要有一个循序渐进的适应期。家长要遵循不同阶段孩子的身心发展规律，循循善诱、静待花开。

上海市建平中学心理教师

张晓冬

35.

如何做好开学前的
准备：高中篇

2022 年 8 月 28 日直播

开学在即,孩子们即将返回课堂,不同阶段的孩子面临的情况各不相同,作为家长应该怎样去做?高中阶段的孩子和家长之间可能出现哪些小问题呢?

主持人　《上海家长学校家长服务热线》节目邀请到上海市建平中学心理教师张晓冬,来和大家聊聊如何和高中阶段的孩子相处沟通。

问题一　我的孩子开学要读高二了,居家上网课的时间很长,孩子对电子产品的依赖变得愈发严重,感觉他已经没办法静心完成作业了,担心孩子开学后学习跟不上。而且孩子自己列入计划的事情,第二天他又不做了。针对这种情况,有没有比较好的沟通引导方式?

张晓冬　在以往的案例中也有类似情况:家长看到孩子手机不离手,就会用怀疑的语气去质问孩子,但孩子说本来想放下手机的,被妈妈这么一说,逆反心理就出现了,就想和家长对着干。那么这种情况下要如何去沟通引导呢?

第一,要了解孩子用电子产品在做些什么。比如,是不是在玩网络游戏。这可能是孩子出于好奇心和社交从众的需要。另外，网络游戏的升级积分，会让孩子有更多的成就感。这在脑科学研究当中也有所提及：大脑当中有一个奖赏中枢，当我们不断激励它时，它就觉得这是个可控的事件，从而更容易受到影响，不断保持这个活动。再比如观看短视频和连续剧，因为在观看的时候会很放松，但是也容易控制不住自己，自以为时间很短，其实发现花了很多时间。再比如社交聊天。其实居家学习那段时期里很多孩子都非常渴望和别人交流，交流的内容可能就是今天吃什么或者抱怨一些小事，有些家长可能觉得这有什么好讨论的，但是孩子会从中得到一个认同感，所以这时候是满足他社交和归属需要的。这些方面可能都是导致孩子对手机或者电子产品产生依赖的原因，所以家长不用太担心，这也是孩子为了证明自己长大了的一种表达方式。

第二，对于孩子课业上的情况要多观察，少断言。这位家长刚刚提到孩子的作业完成好像很困难，担心开学之后跟不上学习。首先我们要了解这个困难是因为年级提升、知识难度增大导致有些题目不会做，还是因为网课学习的效率不够高，导致知识点没掌握，还是因为他不认真做等等。家长可以向各个学科的老师联系反映情况，了解一下孩子的课业表现状况，如果和大多数孩子差不多，那么这可能就是高年级学段的特征。现在教育部出台了手机管理规定，各个学校都有自己的手机管理政策，所以家长不必过分担心孩子在学校使用手机的情况，一些规定约束、老师教育以及同伴之间的互相督促都会慢慢提升孩子的自控力，对手机的依赖也会慢慢减少，但这期间会有一个过渡，家长先不要断言，不妨再观察一下，给孩子时间去适应、去改变。

第三,帮助孩子增强对时间的管控能力。孩子列入计划的事,经常第二天就不做了,出现这种情况有哪些原因呢?一种可能是记忆力差,说了就不记得,还有一种可能就是时间管理和目标管理能力比较欠缺。这时家长应帮助孩子在把事情分类后预估完成时间。比如,他列入明天计划要做的事情有五件,但总的完成时间只有一小时。那么这时候就要帮助孩子一起判断把控一下,有没有哪件事情是不太重要的,可以延后做或者不做;如果都是必须完成的事情,那有没有可能再多预留半小时来做。另外,孩子总是忘记去做怎么办?可以设置一个白板,把要做的计划细化后列成清单,完成一项勾掉一项,这样孩子也会比较有成就感。

问题二 孩子开学读高一,想了解一下日常要怎么和高中阶段的孩子相处比较好?

张晓冬 这位家长的问题也常常令很多高中生家长感到困扰,觉得孩子在上高中以后会比较叛逆,那怎么掌握比较合适的"度"?这里给大家分享几条亲子相处的小建议。

第一,了解高中各个阶段孩子的心理发展规律。大多数孩子到了高中之后就会很有主见,他的自我意识在发展,所以希望大人能够相信他、尊重他,能够给他做决定的机会。高中不同阶段的孩子也会有不同阶段的压力和问题。高一的孩子可能会涉及新环境的适应,如何和老师、同学、室友相处,新学校的规章制度等等。高二、高三的孩子就会涉及合格考、等级考和高考的问题,考试的压力会越来越大。所以,家长要及时

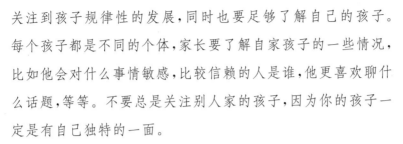

关注到孩子规律性的发展，同时也要足够了解自己的孩子。每个孩子都是不同的个体，家长要了解自家孩子的一些情况，比如他会对什么事情敏感，比较信赖的人是谁，他更喜欢聊什么话题，等等。不要总是关注别人家的孩子，因为你的孩子一定是有自己独特的一面。

第二，建立关系。了解自己的孩子以后，再投其所好。比如说有的孩子喜欢吃东西，家长就可以给孩子准备一些小零食，那么孩子就会觉得家长最近特别爱自己，可以像朋友一样和家长相处。

第三，寻找合适的话题。很多家长在不了解孩子的时候，就急于寻找一些话术去教育他，但这样反而会适得其反，所以家长需要寻找一些孩子喜欢的话题，再和他进行交流，比如孩子喜欢看视频、打游戏，那家长就可以了解一下他看的是什么视频，打的是什么游戏。如果家长都能知道一点，那就会很轻松地切入孩子的世界中，获得更顺畅、更舒服的相处模式。

第四，寻找探讨话题的好时机。找到这个话题之后，什么时候谈论也是一个问题。比如孩子正在写作业，思考难题的时候，家长突然去找孩子聊人生理想，这个时机就不太合适。那么什么时候比较合适呢？比如每天或者每周，约定一个大家可以面对面平等交流的时间。在交流的过程中，该如何说话也是家长值得学习的地方。有时候懂得越多，底气就越足，这也是总结育儿规律得出的一些策略和方法。

第五，积极倾听孩子的想法。建立关系，寻找话题和时机后，就比较容易能够听到孩子的真实想法了。很多时候孩子一开口，家长就会打断抱怨，告诉他再苦再累别人也是这么过的,你为什么就不能。这时候孩子就会觉得家长不想听他把话说完,所以家长要先接纳孩子的情绪,认同他的不容易,去了解孩子为什么会有这样的想法,哪怕没有办法改变或者解决这个情况,但能够安静地倾听孩子的想法,也是很重要的。

第六,正确的对话表达。这里举一个例子,有些家长认为孩子考试成绩好是理所应当的,所以并没有给予表扬或者夸赞,这时候孩子可能觉得自己的努力没有被看到,那么下次就很难付出同样的努力了。但如果这时候家长都看到了,并且合理运用一些话语体系(比如说"虽然你考了80分,但是在全班排名并不好",这样给人的感觉就很糟糕,但如果倒过来表达,"虽然你的全班排名不高,但是你考了80分挺不容易的"),这样孩子就会觉得自己受到了鼓励。另外,有的时候家长要事出有据,当家长说孩子很懂事的时候,是什么地方懂事呢?——"我看到你每当写完作业就陪奶奶聊聊天,妈妈觉得你真懂事",这个很具体的表扬就会让孩子觉得是有所指的,那么这种行为就会自然而然地固化下来。同样,刚刚说到要好好学习,要努力读书,那么努力的方法也要具体、细化。

第七,指导要具体化。孩子的行为习惯是需要一定时间来塑造的,要设置一步一步的训练小步骤和小鼓励,如果这些都有所准备的话,才有可能强化新行为产生。比如说有的时候孩子不开心了,家长就觉得等他忘记就好了,但其实孩子很难忘记,所以这时可能需要一些事情转移注意力,这就涉及具体的指导方法。比如孩子不开心的时候可以让他陪妈妈去骑骑自行车,在骑车的过程当中,他不仅获得了助人的成就感,做运动还会宣泄一些负面能量。

第八，实践跟进。在了解了上面的七步之后，家长还要手把手地督促孩子做到，这就是后续的实践跟进环节。比如培养孩子的人际交往能力，从打招呼到展开话题，再到表达想法等等步骤，其中是有内在逻辑的，我们作为家长也需要一步步地跟进。

高中阶段的孩子已经进入逐步形成自我认同和树立自身志趣志向的成长阶段，更需要家长以尊重、平等的方式加以家庭教育引导，注重与高中阶段孩子的沟通方式，给予他们足够的自主成长空间。

上海市世界外国语小学教师

张　怡

上海师范大学教师发展中心副教授

张艳辉

36.

如何帮助孩子适应新学期，
实现高质量陪伴

2022 年 9 月 4 日直播

新学期开始了，很多家长担心经过长时间居家上网课之后孩子们重新回到校园会不适应，那么在这样的特殊阶段，我们应该怎样帮助孩子进行调适呢？怎样才能真正引导孩子养成良好的学习习惯呢？怎样做才能真正留给孩子一定的成长空间呢？

主持人 《上海家长学校家长服务热线》节目邀请到上海师范大学教师发展中心副教授张艳辉以及上海市世界外国语小学教师张怡，和大家一起探讨：结束居家学习回到校园的孩子们有可能遇到什么样的问题？面对这些问题，应该如何调整？

问题一 返校学习之后，很多孩子出现了"早起困难症"，面对这个情况，有没有什么好的解决办法？

张怡 我早起的习惯是从小由我妈妈养成的。主要的秘诀就是一顿超级美味的早餐，妈妈会变着花样给我做早餐。在叫我起床的时候也会给到一个缓冲期。还有一点很重要的就是，早起的习惯是会受到身边人影响的，如果想要孩子有一个早睡早起的"生物钟"，那么爸爸妈妈首先要以身作则，做到早睡早起。

张艳辉 首先，不提倡使用很突然的闹钟声，这样反而会惊醒孩子。我在陪伴女儿的时候，会在她起床前20分钟播放轻缓的音乐，在孩子出现醒来的信号之后，再把音乐节奏加快，然后慢慢地调整，形成一个稳定的生物钟。生物钟的调整一定要坚持，不要看到孩子睡眼惺忪家长就开始心疼，然后放纵孩子晚起5分钟。一定要狠下心，把起床时间固定下来，等孩子形成了生物钟，就会养成到点起床的习惯了。

这个问题其实也反映出如今普遍存在的一个家庭问题。很多年轻家长的生活是很随意洒脱的，但作为一名教育工作者和母亲，我想和家长朋友们说的是，孩子的自律永远不会是天生的，这是要靠父母后天的培养甚至是"狠心"，来促使孩子走上正轨，这样将来你才会成为家长们眼中孩子很省心的"幸福家长"。其实所有人只看到现在省心的我，没看到我在帮孩子培养自律的时候，我真的是挺狠心的。当时孩子和家人都不理解，但是我就说一句话，为了孩子终身的幸福，为了以后我不痛苦，我就必须这样做。所以说家长可以洒脱，但对于孩子的自律绝对不可以洒脱。

问题二 辅导孩子做作业也是令家长头疼的问题之一，对此有没有什么好的招数来应对？

张艳辉 家长在辅导孩子做作业的时候出现困难，最主要的原因是家长根据自己的知识储备和认知理解能力去判断孩子的作业。家长并没有教会孩子理解解题思路，而是从自己的思维出发，认为这些题很简单，你为什么不会做，因此才会出现我们所说的辅导困难。与其这样，不如让孩子在遇到做不出的题目时，先做下一题，这时候家长可以慢慢地尝试以孩子的心态和学习能力把这道题思考清楚，然后告诉孩子解题思路，而不是只告诉孩子一个答案，这样家长和孩子的矛盾就会减轻很多。

陪伴小朋友完成作业一般是在上小学一到二年级的任务，三年级以上的孩子已经长大，有能力自主完成作业了。要强调的是，陪伴不是监督，不是孩子一出现错误就去帮他检查重写，长此以往，孩子的热情都被打磨没了，专注力也受到影响。陪伴是什么？陪伴应该是孩子在做功课，家长在旁边看书，让孩子知道，我们每个人都是有正事要做的。而且从小要养成自己的作业自己检查，因为考试的时候爸爸妈妈是不在你身边的，没有人可以帮你。家长可以在发现孩子错误时给予引导，但不要直接告诉孩子错在哪里，怎么解决，要让他养成自己解决问题的能力。

张怡 这样的事情其实老师也常常碰到，虽然我们已经预设了很多可能性，但真的不一定能够找到孩子们无法理解的点，这时就需要先和孩子沟通一下，问问他到底哪里没有理解到，有时候孩子不懂的地方会让我们很意外。所以我们更多地要从孩子的角度去思考问题，付诸实践，才会知道这件事情从他的角度想会是什么样的。包括孩子的一些行为习惯、人际交往等等都是这个道理，所以平时班主任在和小朋友们谈心的时候，都会先让孩子诚恳地表达自己的真实想法，只有了解到真实情况后，我们才能帮助孩子解决问题。

问题三 我的孩子读一年级,因为年龄偏小,又经过长时间的居家学习,返校学习后出现了很多不适应的地方。我们在犹豫,是不是可以选择继续在家学习,帮助孩子养成习惯和学习方法,让他能够更快地适应未来的学习生活?

张艳辉 首先这位家长不要焦虑,孩子的年纪比较小,到学校出现不适应也很正常,我们要做的是及时沟通和调整。在这里给家长几个建议。

第一,培养孩子遵守规则的意识。比如在学校有上课下课铃声,那么我们在家里也可以设置相应的提示音,提示孩子在什么时间该做什么事情,同时这个规则要不断强化,逐步让孩子形成这个意识。

第二,培养孩子的专注力。这个年龄段孩子的专注力一般只能持续 3 至 5 分钟,所以小朋友在做事情的时候,家长尽量不要打断他,被打断之后要重新理顺做事的逻辑,长此以往也会对孩子上课产生不利影响。在生活中,可以通过一些小游戏来培养孩子的专注力,比方说数字填空游戏,1、2、3、4、5 之间空一个数字,数 1、2、4、5 不要出现 3,出现就要受到"惩罚"。这里要注意,最开始要让小朋友连续胜利,激起他参加游戏的欲望和信心,慢慢地让他适当输掉一两次,锻炼孩子抵抗挫折的能力。通过一段时间的培养和训练,孩子到学校之后就会很顺畅了。

第三,陪伴孩子一起读书。通过读书可以让孩子静下心来,提前适应上学之后 30 至 35 分钟的课堂时间。所以说家长不要着急,要一步步陪伴孩子去适应和调整。

张怡 其实教师和家长营造一个互相帮助,团结包容的环境也是很重要的。孩子虽然年纪小，但也能够分辨内容，并且下意识地顺着你的引导去执行。其实你只要告诉他，我愿意包容等待你，无形中就给予他帮助了，哪怕他上课的时候突然跑出来，但如果教室里的同学们照样在学习的话，这个氛围依旧会是非常好的。所以在帮助孩子适应和调整的同时，也要给予孩子一些等待和包容。

小学生在刚刚进入正式学校学习时，常常会因为"幼小"之间的学习生活差异感到有些不适应，家长应正确对待孩子在这一阶段出现的困难，针对性地加以引导，也要关注孩子在成长过程中的困难，及时与学校教师沟通或向专业机构求助，及早评估并干预孩子可能存在的潜在问题。

上海交通大学医学院附属仁济医院眼科主任医师

陶 晨

37.

如何预防近视？一旦近视了，
如何防止近视进一步加深？

2022 年 9 月 18 日直播

近日，很多家长反映孩子的视力下降了，并且近视加深的速度超出预期。有的家长认为，一个学期的网课再加上孩子对自己的坐姿、写字的姿势不够重视，结果导致出现视力下降的情况。

主持人 《上海家长学校家长服务热线》节目邀请到上海交通大学医学院附属仁济医院眼科主任医师陶晨，和我们聊一聊怎样有效地预防近视，一旦近视如何控制近视的加深。

问题一 读书学习是孩子每天必做的事情，家长该如何科学地选择孩子用的书桌和台灯呢？

陶晨 我们说的台灯，叫作书写台灯，是用来帮助我们写字看书的。为什么会对台灯的亮度或者质量这么在意呢，因为以前有一种灯叫荧光灯。荧光灯有一定的频闪，但是随着照明设备的不断革新，目前大多数灯都是 LED 灯，这些灯的频闪相对来说没有荧光灯那么大了。

有人提出 LED 灯最初发光源是有蓝光的，所以它有危害。其实也不用过多担心这一点，因为只要能够在市面上销售的 LED 灯，它的蓝光泄漏就是微乎其微的，不存在蓝光损害。而且不仅是书写台灯,包括我们的电脑、电视、手机,都有所谓的蓝光泄漏,但其实对我们正常用眼来说是不存在问题的,家长不必过于紧张。

我们再谈一下关于亮度的问题。因为书写台灯的光线已经设置好了,所以不存在过亮过暗的情况,它不像我们以前的白炽灯,通过灯泡瓦数调节亮度,所以家长不要在这方面过于纠结。反而是台灯摆放的位置需要引起注意,比方说大多数孩子是右手写字,那么一般来说台灯应该放在左前方,但如果你的孩子是左手写字,那么台灯就应该摆放在右前方,以免遮盖书写的光线。

第四,除了书写台灯以外,建议旁边还要有一个有周围光的照明,以免环境黑暗造成眼睛容易疲劳。

问题二 开学前我带孩子做了眼科检查,近视度数一下子到了100度,想请问医生,这样算是近视了吗? 还有没有矫正的办法? 后续在用眼方面应该注意什么?

陶晨 这个问题确实很典型,孩子现在的验光结果是100度,大多数情况应该是散瞳验光结果,那么基本能够判断为真性近视了。目前来说,真性近视没有一个治疗的方案能够让视力回到不近视的状态,我们能够做的就是预防、减少近视发展的速度。

首先,一般来说真性近视的孩子,就需要配戴眼镜进行矫正了。当然矫正的方案有很多,比方说戴框架眼镜,目前有单焦、多焦、周边离焦等等,这些眼镜都有一定的防控近视作用。不同年龄的孩子也有不同的方案,比方说我们8岁以上的孩子可以选择 OK 镜，晚上睡觉时候戴上，白天就不用戴了，坚持使用的话看东西也能够清晰一点。

当然，配戴眼镜矫正只是其中一种手段，更重要的还是防患于未然，虽然已经近视了，但还是要注意用眼习惯。比方说足量时间（每天两小时）的户外活动。这里说的户外活动不是指晚间散步，而是要在白天进行，就是要有一定的白光。因为紫外光对受蓝光影响的近视是有帮助的，尤其是对于尚未出现近视或者刚开始出现近视的孩子是有一定阻止作用的。

除了户外活动，读书学习时的用眼习惯也很重要。长时间地连续看书学习，会让孩子产生用眼疲劳，需要适当的"中场休息"，我们提倡"20/20/20"法则，即近距离用眼 20 分钟，需要休息 20 秒，向 20 英尺以外的草地、绿树或其他物体眺望。另外，握笔姿势、写字的坐姿、桌椅子的高度等等，都是需要注意的。

还有一个平时要注意的，就是眼睛的其他表现。比方说如果孩子看东西时，出现重影和酸胀感，那么要及时就医。我们要把用眼习惯问题和疾病分开，不要误判。

问题三 我前段时间发现孩子看东西、写作业和看电子产品的时候，喜欢侧着头去看，就带孩子去做了眼科检查，结果发现左眼是远视 75 度，右眼是近视 25 度。想咨询一下医生，这么浅的度数要不要给孩子配戴眼镜？

陶晨 孩子出现这种情况我们称为屈光参差。这位家长提出来的情况也是很典型的，孩子一只眼睛视力很好，另一只眼睛视力差，所以造成他喜欢侧着头来看东西，用远视的眼睛去看远的地方，用近视的眼睛来看近的地方。出现这种情况，我们就要引起注意了。根据孩子的检查结果来看，还是要注意用眼习惯和写字姿势的问题。按照孩子目前读书学习的任务量，是不建议配戴眼镜的。

另外，要了解一下是什么造成孩子双眼的屈光参差。当然有坏习惯的原因，但也不排除是斜视的问题，需要再做一些相关检查，通过进一步的检查来防微杜渐。

孩子在家的用眼习惯和用眼卫生需要引起家长的高度关注。家长一方面要创设有利于孩子视力保护的阅读和书写环节，另一方面也要做好孩子良好用眼习惯的培养，尽可能降低近视风险。在遇到孩子眼部不适的问题时，要及时就医，和学校共同守护好孩子的视力健康。

上海市闵行区教育学院德育研究中心主任

贾永春

38.

怎样帮助孩子养成
强大的内心

2022 年 10 月 9 日直播

在日常生活中,孩子们难免会遇到一些挫折,但抗挫折能力往往被家长忽略。抗挫折能力就是指孩子面对逆境时的心理承受能力,也称为逆商。逆商对孩子的未来起着非常重要的作用。

主持人 《上海家长学校家长服务热线》节目邀请上海市闵行区教育学院德育研究中心贾永春主任,和听众们聊一聊如何培养孩子的逆商,帮助孩子养成强大的内心。

问题一 孩子的英语演讲获奖了,老师在班级进行表扬。但这时候有同学私底下说他比赛获奖是因为有一个教英语的妈妈,所以孩子对自己的能力产生了怀疑。想请教一下,有没有什么办法可以让孩子获得同学的认可以及自我肯定?

贾永春 这个问题要从两方面来看。首先,有一个教英语的妈妈不是什么应被诟病的问题,因为每个人都会被打上家庭生活的烙印。虽然教英语的妈妈可以让孩子在英语学习上有一定的优势,但孩子的英语好,也一定离不开自己的努力,不能因为有了这个优势就忽视孩子本身的能力和努力,而应该思考如何借助优势更好地发挥自己的能力。

所以建议孩子和家长首先都要放下包袱,至于其他学生的看法都是暂时的。大家会有一个长时间的相处,孩子各方面的认真态度、努力学习的劲头、锲而不舍的精神等等,一定会长久地受到尊重和认可。所以现在最主要的是要让孩子对自己有信心,正视自己的努力和能力,不要太把旁人的眼光和看法放在心上。

问题二 孩子不愿意和家长交流自己受挫的情况,家长该如何去处理?

贾永春 其实孩子的大多数情绪是不容易被隐藏起来的,哪怕不主动表达出来,家长也是能够感受到的。那么为什么孩子不愿意说?其实大多数情况下还是家长造成的。比如孩子说今天考试考得不好。这时他是带着受挫情绪来的,但很多家长往往会质问孩子为什么没有考好,是不是没有好好学习。那么孩子就会觉得,他和家长倾诉之后得到的并不是安慰、支持和鼓励,而是指责,久而久之他就不愿意表达了。所以出现这种情况的时候,就要反思整个家庭的氛围。随着孩子不断成长,他更需要一种平等的交流。所以家长们不要以好为人师的姿态,以"过来人"的姿态和经验去批驳孩子。孩子往往希望得到的是正向的回应和积极的情感支持,家长要尽量构建一种平等、及时的互动。因为在人的整个成长过程中,父母是孩子最难以割舍的一部分,他既需要得到家长的认可,也需要得到家长的支持。所以当出现孩子不愿主动分享受挫情况时,希望家长先迈出一步,营造一个更好的家庭氛围。

逆商对于孩子们的成长来说是至关重要的,在生活和学习中会碰到各种不适应的情况,是一蹶不振还是努力拼搏,这都和逆商有关。一般来说逆商高的人可以较为从容地面对人生中的困境,对于学业事业的攀升能力、人生局面的掌控能力都会更强,相对来说生存状态和幸福指数也会高一些。

第一,把决定权交给孩子,让他自己去经历和面对。在孩子遇到挫折后家长首先不要去代办,而是要让孩子尝试自己去改变。

第二,给予孩子鼓励和支持。在面对挫折的过程中,做得怎么样往往并不要紧,坚持不懈地去努力才是最重要的。家长可以在孩子遭遇瓶颈时提供情感上的协助,但不是直接给出解决问题的方案。这样的锻炼能够让孩子认识到克服不适感和障碍是很自然的一件事,同时能够让孩子养成遇到事情不惧怕,迎难而上、解决问题的自信和勇气。

第三,给予孩子实时的表扬。家长可以和孩子一起制定一个时间表,适时地推动他。当他抱怨的时候,你要鼓励他,让他能够更坚定地走下去。随着时间的推移,孩子的乐趣也在增加,抱怨就会日益减少。这时候就会产生一个效能,克服困难以后就会有自信,努力付出得到的成功和进步会给孩子带来巨大的喜悦。

挫折是孩子在成长路上不可避免会遇到的事件,家长要以包容失败的心态,努力寻找孩子失败和受挫中的积极方面,营造鼓励、支持的成长环境,引导孩子不断从挫折中吸取教训,总结经验,收获成长。

中国青少年研究中心家庭教育首席专家、二级研究员、
中国家庭教育学会副会长、教育部家庭教育指导专委会副主任

孙云晓

39.

家庭教育中如何培养
孩子的好习惯

2022 年 10 月 23 日直播

2021 年 10 月 23 日,《中华人民共和国家庭教育促进法》（以下简称"《家庭教育促进法》"）颁布,该法不仅明确了父母或者其他监护人应当树立"家庭是第一个课堂""家长是第一任老师"的责任意识,同时也要承担对未成年人实施家庭教育的主体责任,用正确的思想方法和行为来教育未成年人,养成良好的思想品行和习惯。

主持人　在《家庭教育促进法》颁布一周年的日子里,《上海家长学校家长服务热线》节目特别邀请到中国青少年研究中心家庭教育首席专家、二级研究员、中国家庭教育学会副会长、教育部家庭教育指导专委会副主任孙云晓教授,请他分享家庭教育中如何培养孩子的好习惯。

问题一　孩子今年读小学一年级,学校开始开展劳动教育。作为家长,我们希望在家里也培养他做一些力所能及的劳动,但是能感觉到孩子对此有点抗拒,因为从前都是衣来伸手、饭来张口的。想请教一下孙教授,该如何调动孩子在劳动教育以及学业学习方面的主动性?

孙云晓　首先,在中小学阶段培养孩子进行家务劳动,掌握生活技能一定是终身受益的。但是当孩子出现不情愿的情绪抵触时，习惯的培养就会大打折扣。培养孩子习惯需要三个条件。第一，孩子有没有意愿？意愿越强烈，习惯越容易培养。第二，目前进行的教育是不是孩子能力范围所能及的？第三，家长需要给孩子一个恰当的提示。让他觉得这件事很好，这件事自己愿意做。当这些条件不完全具备的时候，习惯的培养就会难以开展，这时候也不要责怪孩子。不情愿做家务可能是因为长期以来很少做家务，因此他也感受不到劳动的乐趣。比如，河南的一位母亲长期给孩子准备不重样的早餐，孩子就会特别兴奋，于是和妈妈一起学习做早餐；扬州的一位父亲，在疫情居家期间教孩子做饭，现在年仅 8 岁的孩子能做出 30 多道菜。所以一定要从孩子的兴趣来激发他的习惯养成，这样的话孩子也觉得有趣，习惯的养成也就顺理成章了。

习惯的养成一定不是下任务、下命令，而一定是要考虑到孩子发展的需求和意愿，尊重孩子。在连续 10 年的研究中，我们发现了一个规律：习惯养成的首要环节就是暗示。天津有一个叫李红的女孩，从一年级开始父亲每天陪她跑步。因为女儿本来就酷爱运动，于是父亲的陪伴就是一种支持，这就是一个暗示。结果父亲一陪就是 12 年，高中毕业后，李红被清华大学录取，后又前往哈佛大学深造，没有父亲陪伴之后，她依然每天坚持跑步。最后李红以品学兼优又擅长体育的优势，被国际奥委会总部选派为代表北京开办奥运会的驻中国首席顾问。这个父亲对孩子的这个习惯培养成就了孩子的一生。有时候你会发现习惯的魅力就在这里，不要把教育想得太复杂,3至5个重要习惯就是对一生负责的最好的教育。

第一,以身作则,成为孩子的榜样。你希望孩子养成什么样的习惯,就带头去做。

第二,发现孩子的潜在优势。比如,很多父母发现孩子惧怕写作,因为数学可以靠公式运算出来,但作文没有定式。其实写作习惯的培养,可以从生活中最熟悉、最感动、最有趣等具体的事件表述开始着手。比如吃柚子的时候要怎么切开,柚子里面是什么样的等等,要引导孩子去做具体的观察,然后提笔写下,这样写出来的就是文章。

第三,给孩子丰富多彩的体验机会。不要说"我的孩子没有潜能,没有兴趣爱好,什么都不感兴趣,什么都不会"。世界上没有这样的孩子,如果有,那也是因为缺少足够的体验。孩子是在体验中长大的,家长不能代替孩子成长,也不能代替孩子体验。只有在丰富多彩的体验中,孩子才会受到触动。鼓励孩子去尝试他喜欢和擅长的事情,在这个基础上再去培养习惯,让孩子有信心。

问题二 孩子今年读小学一年级,学习和生活习惯与上幼儿园时相比发生了比较大的变化。我们认为鼓励和认可孩子的表现挺重要的,于是就会给她一些奖励机制,培养她的习惯和能力。但有的时候孩子并没有很好地完成任务,这时候又会表现出一些压力。那么面对这种情况,作为家长,我们该如何去应对、解决呢?

孙云晓 首先,当父母看到孩子进步后,给予及时的评估和奖励是必要的。因为控制不住情绪就会说出很多丧气话。有父母会"安慰"孩子说：学不好数学可能是因为爸爸妈妈都没有数学细胞，所以很正常。但是这样的解释反而会让孩子更加自卑。所以父母特别需要一种积极的解释。所谓积极的解释，例如对孩子说：没关系，你可以做好的，你以前不也做得很好吗？这一次没做好是不是因为没好好准备？或者说：你做的次数比较少，没有经验，有几个概念没掌握好，你再努力一下肯定能学好，爸爸妈妈很相信你。这样的话，孩子听了之后会觉得：虽然这次考砸了，但是只要自己努力，就一定会考好的。所以父母要保持积极解释的态度，才能够培养孩子健康的人格，这将会令他受益终身的。

孩子好习惯的养成并不是靠强制得来的，而是在其成长过程中，通过师长的言传身教和不断引导、鼓励而萌发和固定下来的。家长在培养孩子的习惯时，要积极利用好孩子观察、模仿学习和受心理暗示的技巧，不断通过对好的行为的表扬，强化孩子的习惯养成。

上海市嘉定区华江小学校长

朱晓露

40.

如何创建良好的家庭运动氛围

2022 年 10 月 30 日直播

青少年时期是人体生长发育的关键时期,其发育水平不仅影响学习效率,还可能影响智力水平。青少年进行体育锻炼,可提高青少年身体各器官的生理机能,增强体质。

主持人 今天《上海家长学校家长服务热线》节目邀请到上海市嘉定区华江小学校长朱晓露,和大家聊一聊在家中可以做些什么来让孩子们动静结合。

问题一 我知道华江小学的足球运动发展得很好,那么在体育教育方面想请教一下,有没有什么运动既能体现亲子乐趣,容易上手,又适合在家中进行,能不能给我们推荐一下?

朱晓露 如何居家和孩子一起进行有效又有趣的体育活动,确实是需要动脑筋的。运动的选择要根据每个家庭的空间和道具物品等情况而定。可以选择一些适合自身的项目,充分利用家里的客厅、阳台、走廊、沙发、床等空间,比如说家长可以和孩子一起掰手腕,或者仰卧起坐、坐位体前屈、单脚支撑平衡、单脚跳、双脚跳等等。还可以让孩子做广播体操。认真完成一套几分钟的广播体操,是能够大汗淋漓,达到很好的锻炼效果。除了徒手运动之外,也可以借助一些物品。

比如踢毽子、跳短绳、用水瓶练习臂力等等。如果家里有狭长的过道，还可以和孩子一起做游戏，把一些物品归置到一个篮子里，再在过道另一头放置一个空篮，通过折返跑的形式，将篮子中的物品运送到另一个篮子里，这样可以起到一个全身运动和放松的效果。

主持人 亲子运动可以很好地增进亲子关系，所以在家庭运动氛围的创建过程中，可能更要强调家长的作用。那么作为家长可以做哪些事情？这样做的意义又是什么呢？

朱晓露 如果家长能够和孩子一起参与到运动中，孩子会更加投入，也更加能激发他们对运动的热爱。其实运动的内容不需要太讲究，更重要的是父母的陪伴。我知道有一个家长带着孩子去参加斯巴达的挑战赛，孩子全身是泥巴，连滚带爬地和父亲一起完成了比赛，在这个过程中，孩子的收获一定不会比爸爸少。优秀的孩子是陪伴出来的。陪伴其实不需要家长花费太多的时间和精力，需要关注的是亲子活动的质量。家长不应该只做到"参与"这个层面，真正的陪伴应该是走进孩子的心灵。所以家长除了要用心地参与之外，还要作为一个引导者、合作者和欣赏者的角色去陪伴。每一次优质的亲子活动，都是孩子成长的重要课程。

第一，在整个亲子运动的过程中，永远是以孩子为主体，家长的身份应该是引导者。作为引导者，先要帮助孩子设定一些目标。用描述而非批判性的语言去激励孩子，从而确认孩子的一些想法。家庭运动不仅仅要注重运动方面，还要重视孩子的教育方面。

第二，在整个家庭运动的过程中，家长不要把自己摆在一个裁判的位置，也不应该只是一个旁观者，更不能成为孩子活动的替代者。最适宜的身份角色应该是参与者，陪伴孩子一起进行运动，从而激发他的积极性。

第三，家长还应该是一个合作者。面对运动困难的孩子，不能直接对他进行打击，而是要和孩子研究所遇到的困难，并想办法一起解决，这个过程中家长不要直接告诉他答案，而是协助孩子去探究、寻找适应运动的方法。

第四，当家长能够成为孩子的引导者、参与者和合作者之后，就意味着孩子可以自由地表达自己的想法了。这时候家长需要成为一个欣赏者，站在孩子的角度去看问题，同时以科学的辩证的态度去看待孩子，耐心地观察孩子独立的个性，对孩子在运动当中的不足表现给予宽容和引导，同时肯定孩子的点滴进步。

亲子运动是很好的家庭陪伴和家庭教育载体，既能为孩子的身体健康提供运动锻炼本身的支持，更能通过家长在亲子运动中的共同参与，融洽家庭氛围，优化亲子关系，为孩子的成长和发展创建更有支持力的家庭环境。

家庭教育"心"智慧
实践报告

41. 轩轩的长肚脐

——特殊儿童的分离焦虑

一、新学期家访实录

在小班开学前的一次新生普访中,轩轩给我们两位老师留下了深刻的印象。轩轩的妈妈是一家化工厂的职工,爸爸是普通公司职员。轩轩由外婆带大。轩轩全家大人身体都非常好,唯独轩轩从小体弱多病。在家访中轩轩一刻不停的样子让我顿时感到异样。

家长也非常诚实地告诉老师孩子的情况:轩轩生下来就有一些不一样,2岁前不会讲话,头也抬不起来;一到2足岁,轩轩突然会走会动,这让全家人都非常高兴,但是随之而来的却是怎么也停不下来;来幼儿园后,如果有一些顽皮,请老师多纠正。

最让家长担心的是孩子一紧张,午睡时的一个不良习惯怎么也改正不了,那就是要拉着肚脐眼才能睡着。由于是第一次见面,我们在和家长一番交流后,没有当场查看孩子的肚脐,但是把这件事情悄悄地记在了心上。

开学第一天,轩轩早早就来到幼儿园。对一切都感到新奇的他并没有像其他孩子那样哭闹或者要求回家,而是把幼儿园当成了游乐场,开始了满场飞。家长看到轩轩没有哭,放心了许多,指了指孩子的肚脐,看看我,我会意地点了点头。等孩子们安静下来之后,我把轩轩带到午睡间,和他聊聊他的名字,他喜欢的东西,最后要求看一看他的小肚脐。虽然我已经做好思想准备,但是当轩轩的小肚脐露在我面前时,着实把我吓了一跳。工作那么多年,接触了那么多孩子,我从来没有发现哪个孩子像轩轩这样,有一个特殊的肚脐。原来,他的小肚脐由于长期拉扯,已经向外突出 2 厘米左右,并略带红色,就像一段小肠子裸露在了外面。

等轩轩回到集体之后,我马上和搭班的孙老师做了沟通:虽然目前轩轩比较开心,但是等新鲜劲过了,希望他的分离焦虑并不那么严重。

当天午睡时,轩轩一定要拉着自己的肚脐才能躺下。虽然情绪上轩轩不像其他孩子那么激动,没有大哭大闹,但是轩轩妈妈说他一紧张就会拉肚脐。可见,每个孩子在紧张时所表现出的外在行为并不相同。

二、家园共育措施

面对轩轩的情况,不仅要靠在园的各方面干预,也要和家长保持沟通,做到家园共育,才能从根本上解决问题。

(一)粘纸奖励法

9 月 1 日开学第一天的午睡,绝大部分孩子还沉浸在分离焦虑中,我们利用小奖励的形式试图让孩子们稳定情绪。卡通小粘纸是吸引孩子的灵药之一:和孩子们约定好,小手放在被子外面,表现乖乖的,老师就会在孩子的小手上贴一个卡通小动物。大部分孩子为了得到漂亮的小粘纸都会把小手乖乖放好，可是轩轩却一直将小手放在被子里，在肚子的位置上下挪动，显然他开始了。于是，我快速走到他面前，将整张粘纸给他看，用神秘的口吻说："轩轩，你第一个乖乖睡好，又不哭，老师就奖励你一板小粘纸。你喜欢哪一个，指给我看好吗？"小家伙眼睛立刻放光，从被子里伸出两只小手，想要抓住粘纸，并且兴奋地说："轩轩喜欢小汽车、小汽车。""好，老师给你两辆小汽车。"我顺势将小汽车贴在他的手背上，并且悄悄告诉他："小汽车不喜欢待在被窝里，会逃走的。轩轩要把小手放在外面喔。"轩轩将信将疑地看着我，点了点头。在整个午睡期间，我们随时提醒轩轩关于小汽车的秘密，直到他在 1 个小时后睡着。第一天，完胜！

此后三天，我们采用同样的方法，但是轩轩对粘纸的兴趣逐渐减弱，午睡的时间也越来越短，这让我们感受到这个方法快要失效了。那天下午放学后，我们两位老师坐下来商量了第二个方法，决定在第二天中午尝试一下。

（二）帮助小熊法

第二天午睡前，我们照例给孩子们讲故事。故事中，玩具小熊因为顽皮找不到妈妈，伤心地哭了，最后好心的轩轩收留了它，等轩轩睡好午觉再把小熊送回家。轩轩非常乐意地把小手从被子里拿出来，抱着小熊玩了起来，直到小熊要"睡觉"了，他才筋疲力尽地陪着小熊一起睡着了。看来，孩子要帮助小熊的同情心胜过了他玩小肚脐的感觉。连续两天，小熊都胜过了小肚脐。但是，让我们担心的是接下来的双休日，不知道孩子在家里会怎样，尽管我们已经将本周轩轩的情况告诉了家长,但是毕竟孩子对老师和妈妈的听话程度是不一样的。

其实,除了拉扯肚脐,轩轩的小问题层出不穷,如:不会用勺子、玩具不能归类、不遵守规则等等。我们两位老师便在网上查阅资料,关于孩子的各种表现都指向一个可能,那就是多动症。

第二周的星期一,轩轩妈妈带着轩轩进了教室,看见我们就非常激动,感谢我们只用了一个星期的时间,就解决了困扰家长一年的问题。接下来,轩轩妈妈又难为情地说:"老师,我们孩子还有一个管不住手的问题,家里的东西都被他拆得一塌糊涂,好多都要藏起来了。还有,在和别的孩子一起玩的时候,轩轩总是控制不住要抱住别人,小区里的孩子看见我们都有些害怕……"我们也将上一周发现的情况和家长做了简短沟通,孩子的主要表现是注意力不集中,不愿意和其他孩子一起参加集体活动等。

这天早上,我们耐心和家长交流,心情无比复杂。看来,基于拉肚脐的良好治愈效果,轩轩妈妈已经把我们两位老师当作"神仙"了,将孩子在家的诸多问题一一抛出,寄希望于幼儿园能够逐一解决。这显然让我们两位老师有些一筹莫展。

(三) 求助专家法

经过几周的观察和借助照片、视频等影像记录,我们初步感受到轩轩可能存在儿童注意缺陷多动障碍(ADHD)的一种病态行为。

根据我们的记录(书面及影像)和观察,可以发现轩轩表现出以下特点:

1. 注意力不集中,分心。轩轩对任何事物都有注意力集

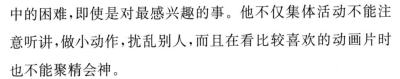

中的困难,即使是对最感兴趣的事。他不仅集体活动不能注意听讲,做小动作,扰乱别人,而且在看比较喜欢的动画片时也不能聚精会神。

2. 小动作多,手脚不停,让他安静下来难度较大。在多动症儿童中,95%的孩子有此类表现。比如拉肚脐这件事,孩子出现反复的情况比较明显,需要老师不断更换方法来帮助他忘记拉肚脐才能睡觉的习惯。

3. 情绪不稳定,自我控制能力差。轩轩的举止和行为缺乏思考和判断,意识不到到处乱跑的危险性。

4. 存在一定程度的学习困难,还有语言障碍——口吃,轩轩的话特别多。

于是,我们约了轩轩父母,在放学后做了一次长谈,将孩子在幼儿园和在家的种种情况做了梳理,并且真诚地让家长感受到我们老师是出于关心和帮助,建议家长带孩子到相关医学机构进行专家咨询,看看孩子表现这些行为到底是怎样的原因,也便于我们能配合家长和医生,共同改善孩子的现状。我们向家长保证会对孩子的情况保密,并且不歧视和孤立孩子,在家长和医生的建议下会积极配合。轩轩的爸爸妈妈听了我们诚恳的建议后,面色沉重地答应第二天带孩子去医院咨询。

一连两天,轩轩都没有来幼儿园,这让我们有些担心。通过短信联系后,家长表示第二天来园后详谈。

又是一个晴朗的早晨,但是对于轩轩父母来说却是阴云密布。在这两天,家长带孩子去了三家专业医疗机构,诊断的结果是一致的,轩轩表现出的这些儿童注意缺陷多动障碍

（ADHD），医学上也称儿童多动症。轩轩妈妈一边说一边抹着眼泪，感觉天要塌下来了。她对我们说："很感谢老师。医生也说了，还好孩子还小，看得及时，完全能够治好的。"专家的判断，给了家长希望的曙光，也让我们有了积极配合的迫切愿望。我们当即表示，一定会配合医生和家长，共同帮助孩子改变和提高。

时光匆匆，一学年过去大半，轩轩虽然每天都有层出不穷的问题和"创意"，但所发生的细微变化还是非常可喜的，比如：会自己用勺子吃饭，尽管桌上都是饭粒；会安静画画，尽管画面总是让人看不懂；会和小朋友一起玩，尽管常常有孩子来"告状"……

三、家校协同育人的感悟

（一）应对分离焦虑，老师要取得家长的信任

经历这一系列事件，我们看到了轩轩家长明显的变化：从一开始的紧张、担心，转变为对老师完全"神化"，最后感受到家园一致配合的重要性。轩轩家长的转变才是孩子成长转变的开始，在专家的建议下，他们对轩轩进行了中药调理，在家里做各种控制力练习，并且将真实的情况告诉老师。而老师总是对孩子多留一份心，给孩子多一些机会，允许并经常提醒孩子改正这样那样的小问题。每天放学后，我们总是简短地和家长交流孩子在园情况，对于发现的严重问题，也要求家长回家进行教育等。

慢慢地，轩轩能够坐下来了，会听一小会儿故事了，会帮助老师做事情了。对于这些转变，我们都会奖励他一些有趣

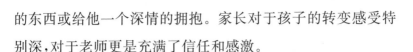

的东西或给他一个深情的拥抱。家长对于孩子的转变感受特别深,对于老师更是充满了信任和感激。

(二) 面对特殊孩子,用心是不变的主题

像轩轩这样患有多动症的孩子,一个突出的特点就是自控能力差,缺乏毅力,不能持之以恒,经常会出现反复动摇现象,因此对多动症儿童的转化工作不是一次教育或辅导就能奏效的,而是一个循序渐进的过程。在这个过程中,我采取了以下一些措施:与家长加强交流,把孩子的表现及时反馈给家长,多沟通,通过家园双向对孩子进行教育。教育目标也要关注到切合性、实际性和适度性。并不苛求轩轩和其他孩子一样要注意力集中多久,规则建立也是由易到难、由小到大、由少到多。在一日活动中,我利用一切机会训练孩子的自制力。轩轩经常把书本和玩具乱丢,不懂得归位放好,我就带他捡起来并整理好。经过一段时间的引导,他扔东西的毛病也改善了很多。轩轩学本领的时候注意力不集中,不时影响其他同伴的正常活动,因此我把他的座位安排在老师容易顾及的位置,在各项活动中培养他的注意力,特别是在操作活动如卷袜子、画画等手工活动中,督促他集中精力完成任务,从而逐步培养其耐心、专注的习惯。

(三) 未来可期,希望是坚持不懈的

通过将近一学年的家园配合训练,轩轩在各方面都有了一些进步:开始知道去习惯集体生活,上课坐姿有所改善,动作协调性有了提高,语言表达能力得到提升。当然对一般幼儿来说,这些几乎是微不足道的,但对轩轩来说已经是了不起的进步了。由于多动症幼儿的改变需要很长时间,短短一学年是不够的,接下来幼儿园的生活对孩子是至关重要的,既然轩轩的医生都说可以治愈,那么我们一定向着这个方向共同努力。只要家园继续配合,针对情况适时调整教育目标,相信轩轩一定会成为一个聪明、懂事的孩子。

(上海市闵行区君莲幼儿园　李春铃)

42. 花开有期，绽放有时

——一个适应困难孩子的烦恼

一、案例背景

睿睿是小班一个普通的小男孩，和很多孩子一样，在入园初期有些哭闹，爱发脾气。一般的孩子在一至两周后，情绪开始逐步平稳，渐渐适应幼儿园的生活，而睿睿则表现得极其不适应，尤其在接触幼儿园新环境的一切活动中，都表现得极其排斥、矛盾。通过家访，我们了解到睿睿从小都是由外公一手带大，由于父母工作繁忙，睿睿的衣食起居全部由外公亲自打理。这样的现象在我们身边比较常见，隔代教育普遍都是以溺爱、包办代替等字眼出现在我们生活周围，睿睿也不例外。

二、案例经过

案例一：还未开动就说"我饱了"——极其排斥的日子

睿睿最大的反应之一出现在每天午饭时间。一天午饭前，孩子们洗完手，握着小拳头等待自己的午饭，我和孩子们利用等待的时间一起分享一个生活小故事。当保育员阿姨为班级幼儿逐个盛好香喷喷的饭菜后，其他幼儿表现出极大的食欲——"好香啊""我饿了"……而睿睿的表情开始有了明显的变化：他回过头，眼睛盯着饭菜，满脸不开心。等同伴都入座就餐了，睿睿仍然坐在小椅子上一动不动。"睿睿，你怎么不吃呀？"我走上前轻轻地问。听到老师上前搭理，他立刻大声哭闹："我饱了，哇！我饱了……"睿睿歇斯底里地叫喊着，双脚跺着地板"嗡嗡"直响，老师越是上前安慰，他的反应越是明显。

睿睿的午饭经历像是一部反复播放的电影，日复一日，每天重复着同样的情景。第一次，他甚至拒绝我们喂饭，小嘴巴怎么也不愿意张开。于是我和睿睿的爸爸妈妈做了沟通，鼓励他尝试接受新环境、新朋友。通过游戏活动，我慢慢地以朋友身份接近他，当他开始接受我的时候，才愿意尝试着让我喂一口饭菜。后来，我渐渐发现了一个现象，针对这样哭闹的孩子，越是搭理越是歇斯底里。于是，后来的几次午饭时间，当他继续发脾气并且哭闹时，我采取了冷处理的方法，关注越少，睿睿却反而慢慢坚持吃完了所有的饭菜。

案例二：我要玩，我不要玩——矛盾"小鬼"一直作祟

睿睿的不适应还表现在参加幼儿园一切新活动时的选择上，常常表现出极其纠结和矛盾的情绪。小班新学期，幼儿开始学做器械操，第一次认识新器械——响环。当拿到五颜六色的响环时，孩子们的脸上个个充满着兴奋和期待，只有睿睿在一边放声大哭："我不要响环，我不要响环……"于是，我就顺着他的意思，没有给他响环，没想到他又一次大声哭闹："我要响环，我要响环……"我把响环递给他，他却又说不要。就这样反反复复，睿睿的心里始终充满了矛盾。

类似的事还发生在操场上玩滑滑梯时,当其他幼儿兴高采烈投入滑滑梯游戏中时,他独自站在滑梯旁边,哭着喊"我不会""我不要玩""我要玩",反反复复,整个活动时间都被矛盾和纠结的心理占据。看着睿睿如此这般的情形,我们也感到很着急。

通过家园沟通,我了解到睿睿在家里也有这样的现象,在接触新事物的时候非常排斥,想玩又不敢玩,对此父母也很头疼。更糟糕的是,睿睿父母由于工作繁忙,陪伴孩子的时间少得可怜,也缺少科学的育儿知识和方法。通过查阅资料和相关信息,我们发现对于适应困难的孩子,成人应给予足够的时间和耐心,慢慢引导,循序渐进。

第一次成功来自幼儿园派发小黄帽这件事情上。第一次看到小黄帽,其他幼儿都高高兴兴地把小黄帽戴在头上,可睿睿却把帽子丢得远远的,哭着闹着说不要;如果真的不给他,他又继续吵着说要帽子。"睿睿,你先想一想,等最后做出决定了,再告诉老师好吗? 这顶帽子我会给你留着。"原本哭闹的睿睿渐渐停了下来,点头同意了我的想法。这时候,老师可以采取冷处理,在他几次纠结之后,再次确认问他是否想好要帽子。就这样,睿睿从开始把丢掉的帽子捡起来,到后来愿意拿在手上,过了几天便愿意戴在头上了⋯⋯这个过程很漫长,耐心等待和正确引导顺利地帮助睿睿逐步适应了新的事物。

三、分析与对策

《中华人民共和国家庭教育促进法》第二章"家庭责任"中第十四条提到:父母或者其他监护人应当树立家庭是第一个

课堂、家长是第一任老师的责任意识，承担对未成年人实施家庭教育的主体责任，用正确思想、方法和行为教育未成年人养成良好思想、品行和习惯。第十七条提到：未成年人的父母或者其他监护人实施家庭教育，应当关注未成年人的生理、心理、智力发展状况。同时，学前"指南"中对健康概念的定位进行了很好的分析，它指出：健康是指人在身体、心理和社会适应方面的良好状态。幼儿阶段是儿童身体发育和机能发展极为迅速的时期，也是形成安全感和乐观态度的重要阶段。为有效促进幼儿身心健康发展，成人除了在饮食、营养、睡眠等方面为幼儿提供适宜的保障以外，创设温馨的人际环境，让幼儿充分感受到亲情和关爱，形成积极稳定的情绪情感也是极为重要的。

睿睿的不寻常表现引起了老师和他父母的高度重视。之所以会有这样的表现，主要原因有三个方面。

首先，老人包办代替，孩子过分依赖。

中国的代际关系多是"反哺模式"，常常是长辈对子女几乎负担无限责任。学前"指南"中提到，幼儿身心发育尚未成熟，需要成人的精心呵护和照顾，但不宜过度保护和包办代替，以免剥夺幼儿自主学习的机会，养成过于依赖的不良习惯，影响其主动性、独立性的发展。

通过家园沟通，我们了解到睿睿的父母平时工作比较忙，由于长期都是由外公抚养，样样事情包办代替，长时间他便养成了饭来张口、衣来伸手的不良习惯，导致他到了新环境中的诸多不适应，如习惯坐在那里等人来喂，不愿意自己动手吃饭；午睡起床后坐在床上等成人来帮忙穿衣服，不愿意自己尝试等。

第二，缺少父母陪伴，安全感和自信心严重缺乏。

在本案例中，明显出现了"亲职替代"现象。睿睿的父母由于工作繁忙，忽视了亲子陪伴和关爱，把养育孩子的责任转移给了祖辈，没有尽到自己该尽的责任。这样的育儿方式，极易导致孩子产生"依恋缺失"心理，可能是使睿睿缺乏安全感的原因之一。在和其父母的沟通中，我们了解到睿睿从小和父母在一起的时间很少，大多数时候都是由外公陪伴，在很多事情上都表现出极其缺乏安全感，觉得自己肯定不行，不愿意去尝试。例如在玩滑滑梯的游戏中，睿睿常常独自站在一边，嘴里嘟哝着"我不会"，任凭旁人如何鼓励都无济于事。

第三，常常闭门不出，缺少人际交往的机会。

睿睿外公抚养孩子的方式比较传统和封闭，睿睿从小待的最多的场所就是家里，足不出户，和小区以及外界的接触少之又少。长期封闭的教养方式也是导致睿睿较难适应新环境的因素之一。

找到了原因，我们便着手开始制定相应措施。针对睿睿适应困难的现象，我们主要采取了以下四个调整策略。

第一，父母陪伴，营造好氛围。

《上海市家庭教育指导大纲》中详细罗列了分阶段家庭教育指导内容及要求。其中明确提出，3—6岁儿童是行为塑造与认知发展阶段，这个时期的儿童处于身心快速发展的时期，该阶段家庭教育的重点就是引导家长帮助幼儿逐步适应幼儿园的集体生活、培养规则意识、重视儿童的身心健康发育，帮助儿童养成良好的卫生等生活习惯、注重亲子陪伴，关注儿童的个性发展等。

学前"指南"中对健康领域的教育提出建议：营造温暖、轻松的心理环境，让幼儿形成安全感和信赖感。保持良好的情绪状态，以积极、愉快的情绪影响幼儿。通过沟通，睿睿的父母意识到陪伴孩子的重要性，决定重新规划自己的工作时间，每天会保证有必须的时间陪伴孩子，如陪伴孩子一起做手工、一起阅读、周末一起运动等丰富的活动，为睿睿营造一个温馨、有利于其发展的成长环境。同时，多给睿睿创造与同伴交往的机会，经常带他接触不同的人际环境，如参加亲戚朋友聚会、多和身边或小区里不熟悉的小朋友玩，使幼儿较快适应新的人际关系，培养集体意识，减少不良心理因素，锻炼他适应生活环境变化的能力，促进其社会适应和社会融合。事实证明，与祖辈相比，父母养育有更多益处，特别是亲子教育，这是其他人无法替代的。

第二，家园合力，步调要一致。

《上海市家庭教育指导大纲》分阶段家庭教育指导内容及要求中对3—6岁儿童的养育还提出了"创设良好的家庭氛围并加强对隔代抚养的指导"，即重视发挥家庭各成员角色的作用，适度发挥祖辈参加的作用，引导祖辈树立正确的教养观念和掌握科学的育养方法，与父母教养保持协调一致。

有了父母的重视，不能忽视长时间抚养睿睿的外公。睿睿的妈妈告诉我，她已经回家和外公沟通了睿睿在幼儿园的表现，之前没有感到任何异常的外公突然也意识到问题的严重性，决定和睿睿的父母一起配合幼儿园的工作，共同为睿睿的成长做出改变。他们全家商量，一致决定重新让睿睿建立自信，营造安全感，让睿睿学会从小事做起，自己的事情自己做。除了关注到睿睿的衣食起居，更要关注到他的心理健康。在科技发达的今天，我们也感受到信息时代带来的便捷。我和睿睿父母建立了微信群，在日常生活中，经常沟通睿睿在幼儿园和家里的表现，一起探讨并为睿睿制定有个性化的教育策略。

第三，科学引导，接受新事物。

睿睿的表现是极其缺乏自信和适应困难的典型案例。我查阅了很多书籍，也咨询了一些专家，了解到这类幼儿属于适应障碍，要根据具体情况具体处理。于是，我尝试慢慢引导睿睿接受新事物，用我的平稳情绪去感染他，让他努力做出决定，并为之付出行动。同时，我也把这些信息传递给他的父母，推荐他们去阅读一些科学育儿的优秀书籍，如《儿童的秘密》《捕捉儿童敏感期》等。在睿睿接受新事物出现矛盾纠结时，成人能够给予孩子思考的时间，并耐心引导他在做事情前想清楚并做出选择，鼓励他大胆去尝试，并有能够坚持到底的勇气。

第四，恰当表达，学会调控情绪。

《上海市家庭教育指导大纲》分阶段家庭教育指导内容及要求中提到，家长要学会倾听儿童的意见和感受，掌握有效沟通的方法，引导儿童合理、自然地表达个人情绪，注重有质量的陪伴。学前"指南"中给出的相关教育建议是：成人用恰当的方式表达情绪，为幼儿做出榜样。如生气时不乱发脾气，不迁怒于人。

在日常生活中，我们建议睿睿的父母可以和孩子一起谈论自己高兴或生气的事,鼓励睿睿与身边的人分享自己的情绪。同时,父母应该允许睿睿表达自己的情绪,并给予适当的引导。如睿睿发脾气的时候不要硬性压制,不妨对其进行冷处理,等他情绪平静以后再告诉他什么行为是可以接受的。多关注孩子的情绪,如果发现睿睿有不高兴的事情,也要及时帮助他化解消极情绪。

经过一个阶段的努力,父母很欣喜地发现睿睿有了些许的变化。在科学育儿的教养方式下,睿睿已经能够自己主动吃饭,并能够坚持到最后;愿意在成人的引导下尝试参加不同的活动,虽然偶尔他也会害怕、胆怯,但很少会出现大哭大闹的情况了。正所谓:不是溺爱,不是奢侈的爱,不是华丽的爱,而是真正的幸福的爱,它是如此平静,如此安宁,如此的拥有光亮和热度,孩子们感受到的是别样的快乐、轻松和富有自我。

(上海市闵行区七宝中心幼儿园　王　镕)

43. 被溺爱的安安

——大班特殊幼儿个性化教育 中的实践指导案例

一、幼儿基本情况

安安每天上幼儿园都是由他奶奶接送,虽然在刚开学的家长会上我要求小朋友要自己背着小书包上幼儿园,但是安安的书包却总是背在他奶奶的肩上。通过观察,我还发现许多应该是由他自己做的事情他奶奶都大包大揽。例如,帮他拉拉链、取下帽子、帮助他收拾书包等。通过家访,我还了解到:安安从一出生就是由爷爷奶奶带,他的父母工作较忙,很少管孩子。孩子基本上由爷爷奶奶抚养,孩子因此在祖父母的"精心照顾"下逐渐养成了"什么事情都不用做,爷爷奶奶会帮我做好"的习惯。

二、观察与指导

(一)观察日期:2023 年 3 月 27 日

1. 观察实录

今天入园的时候正巧下了一场大雨,我照例在班级门口摆放了几把小椅子,这是为孩子换雨鞋提供方便。大多数幼儿都能在老师的鼓励下自己换鞋。可是安安的奶奶还是习惯性地帮他换鞋子。我就向她提出建议:以后还是让孩子自己的事情自己做吧。其实孩子是很能干的,只是成人没有给他们锻炼的机会。他奶奶一边继续帮助他换鞋,一边说:"鞋子有点紧,不好脱下来,我帮帮他。"

2. 实录分析

通过观察可以得知,安安的奶奶并不认为自己的行为有什么不妥,不知道会给孩子的发展带来负面的影响。老人的陈旧观念难以更改可以理解,转变是需要一个过程的。那就从宝贝那里着手吧。

3. 指导策略

当天我针对孩子早晨入园换鞋的事情进行了一个简短的评价活动。我表扬了那些自己动手换鞋的孩子,还请小朋友们积极发言,说一说自己动手的感想,并且请他们总结一下:自己的事情自己能做好吗?怎样换鞋子又快又好?换好的雨鞋要放在哪里?我们还可以做些什么力所能及的事情呢?然后评选出做得好的小朋友,并且发小红花奖励。如此一来,极大地激发了孩子们的兴趣。我观察了一下安安小朋友,他低下了头。5岁多的孩子已经有了很强的自尊心和荣誉感。他已经意识到了自己的问题。我抓住机会,对那些存在问题的小朋友提出了希望:"老师相信你们一定也会自己的事情自己做,并且会做得很好!"孩子们也鼓起了信心,纷纷表示下次一定能自己的事情自己做,争取得到小红花。

(二)观察日期:2023年4月25日

1. 观察实录

安安今天同往常一样吃完了中午饭后自己收拾餐具和桌

面。他先把碗里的饭菜吃得干干净净,然后交值日生检查,再送到盥洗室,漱口、擦嘴,然后把自己桌子上的残渣收拾好,擦干净。我看到这一系列的动作是那么的熟练,他的脸上充满了自信的笑容。我的心里很为他骄傲,及时用快门留下了这动人的一幕。

2. 实录分析

在几周的培养以后,安安的进步较大,事事都以小伙伴为榜样,努力做到自己的事情自己去做,通过自己的努力,他的表现与其他孩子没有差别。事实证明,每个孩子的潜力都很大,只要用心培养,给他们锻炼的机会,就一定能收到好的效果。

3. 指导策略

我在班级有针对性地对安安进行多方面培养。比如,日常活动中鼓励他自己动手,特别是穿衣服,利用午休起床的时间不厌其烦反复地教;进餐时耐心提醒他细嚼慢咽,保持桌面整洁,手把手地指导他擦桌子。我将这些珍贵的画面用手机及时拍下来,一方面用于存档进行课题研究,另一方面将这些照片和视频分享给他的家长观看,使他们能够了解我们的教育方式及其成果,以便得到他们的理解、支持与配合。安安的家长看到以后,非常感动,认同老师的教育方法,也愿意积极配合。

(三) 观察日期:2023 年 6 月 1 日

1. 观察实录

我欣喜地发现安安的爸爸来参加活动了。以前这样的活动都是由爷爷奶奶参加的。这次他爸爸能来参加,就表明我们一直以来的工作是有成效的。我观察发现,安安的爸爸和宝贝玩得非常开心。

2. 实录分析

今天我园举办"六一"糖果节游园活动,邀请全体家长和孩子一起来园参加活动。幼儿园里张灯结彩,布置得热闹非凡,到处都洋溢着节日的喜庆气氛。全园设有六个游戏区域,每个区域的活动都是亲子共同参与的,大家都很投入。班级的"糖果"都是由家长和孩子共同制作的,环境创设处处都体现家长和幼儿的辛勤付出。我看到安安爸爸的脸上也是写满了自豪。他和孩子一起欣赏这班级的环境,每当找到自己制作的糖果就开心许久。这其实也表明他是很愿意参与孩子教育活动的,以前忽略是因为工作太忙顾不上。

3. 指导策略

第一,引导家长平时也要关心孩子其他各方面的教育,尤其是个性发展、心理健康方面。要营造一种温馨、祥和的家庭氛围让孩子的心理产生安全感。同时及时与老师联系,多了解孩子的在校情况并听取老师的意见。

第二,多鼓励他去自由地交谈,这样他的语言表达能力也会得到提高。

第三,老师的教育应以表扬和鼓励为主,仔细耐心地帮助他,对他微小的进步要加以肯定。

第四,平时多鼓励他与同伴游戏,分享。尝试和同伴友好相处,懂得关心同伴的体验。

(四)观察日期:2023 年 6 月 9 日

1. 观察实录

今天的美工活动"小火车"中,安安小朋友画得非常投入,也画得很好。学期初期他的表现能力在班级一般。但今天这幅画他画得很好,看得出他本人也很满意,下笔大胆,涂色也很到位,完全投入到画中。

2. 实录分析

孩子的自我服务能力提高很好地增强了孩子的自信心,使得安安小朋友在其他方面的进步也很大。在学习方面安安也进步喜人。以前,他遇到困难总会表现出不自信的心理,怕学不会,做不好,顾虑重重而不敢去做。一上画画课安安就不敢动笔,生怕画得不好小朋友笑话他。

现在,每当安安遇到困难,总是会说"我先来试一试"。在一次次的努力获得成功之后,他的自信心得到了很大的提高。

3. 指导策略

每当安安遇到困难的时候,我总是积极地鼓励他大胆尝试,克服心理上的障碍,找出他的闪光点"无限"放大,并在班集体面前加以表扬。我告诉安安,即使失败了也没关系,可以重来。慢慢地安安也越来越自信了。我还用他的一些成功事例来激励他。比如,"通过自己的不断努力,你已经学会了拉衣服上的拉链;还学会了穿套头的毛衣,自己收拾餐桌"等等。告诉孩子只要敢于尝试,一切皆有可能!

三、沟通成效

通过对安安小朋友一个学期的追踪观察,我认为在对孩子进行自我服务能力方面的培养效果是显著的。

一是要有一个科学客观的目标体系。只有目标科学明确,后面的实施才能稳步进行。我班的小课题贴近幼儿生活,幼儿有一定的基础,又有很大的提升空间。自我服务能力的培养对他们即将进入小学的帮助是极大的。

二是要有一个完善的实施方案。在学期的各个活动中都要将培养孩子自我服务能力的教育渗透其中。比如,在区域活动、主题活动、教学活动、户外活动,以及家园共育等方面全方位地加以实施,效果才会显著。

(上海市浦东新区万科实验幼儿园　瞿佳维)

44. "佛系"男孩变身记

一、案例背景

"佛系"是一个网络流行语，也是一种文化现象。它的主要意思是指无欲无求、不悲不喜、云淡风轻而追求内心平和的生活态度。随着社会飞速发展，大数据、信息化的生活令人们的价值观、生活观念愈加多元化，如今的家长圈里出现了两种比较极端的育儿流派——"鸡娃派"和"佛系派"。"佛系"育儿的背后则是"佛系父母"，"佛系父母"多是90后父母。而这里所谓的"佛系"心态指的是一种求之不得、干脆降低期待值的无奈，反映的是一种不可取的消极生活态度。

二、案例呈现

接班伊始，一个个子高高，一脸白净，有着一双圆圆大眼睛的男孩小A给我留下了深刻印象。在学习拼音时，小A特别善于观察图片，说起句子来很有章法，总是表现得自信大方。想起云端家访时，小A爸爸介绍儿子学前准备是比较充分的，提前学习了语数英等学科。随着学习的深入，学生开始落笔写拼音了，小A的短板便暴露出来，经常在老师的反复提醒和督促下才用粗粗的铅笔头写出歪歪扭扭的字，虽然老师

"恩威并施"但收效甚微。到后来小 A 索性不写了,任凭老师如何谈心、留校,机灵的小 A 都会使出得过且过的招数,能混一次就混过一次。

在这样的情况下,我只得将小 A 在完成作业方面存在的困难告知小 A 爸爸。没想到,小 A 爸爸朝我大吐苦水,诉说单亲爸爸既要在外打拼事业,又要回家照顾一家老小的不易,强调孩子快乐就好。几次沟通下来,小 A 爸爸干脆抛出了小 A 的"佛系论"——"学习不好没关系,我不在乎别人怎么看我的",以此来应付我的家校沟通。

由于小 A 未能按时上交作业、及时订正,他逐渐感受到学习的困难,成绩每况愈下,竟然连课上都不认真听讲了,课上开小差,和同桌说话,课后奔跑玩闹。迫不得已,我只好把他安排到了教室的最后一排。小 A 终于消停下来,课上能听讲了,但是作业仍然不肯交,非要被叫到老师身边做才能完成。再看小 A 在校园和小队活动的参与情况,明显是意兴阑珊,敷衍了事,班级日常生活参与中显现出若即若离的状态,与同伴相处时偶尔会发生摩擦。

三、问题分析

经过日常观察和深入思考,我发现导致现状的原因有以下几个方面。

（1）班主任缺乏有效的沟通手段

作为一名 80 后班主任,我不太了解 90 后的家长成长于祖国飞速发展期,大多数物质生活条件优越,他们的自尊心更强,对于负面信息的承受度更弱,所接受的教育观念也更加多元开放,我不易理解他们的想法,面对佛系心态缺少足够的认识。我非常重视学生良好行为和学习习惯的养成,注重细节。但小 A 爸爸不太理解老师要求的初衷,能配合就配合,不想配合就不配合,落实效果差异很大。当家长无法到校参加家长会,仅凭线上交流,家长的"听课"效率较低,从而在家班合作共育方面没有充分达成共识。

(2)家长缺乏有效的教育方式

小 A 爸爸与妈妈离婚约有两年,小 A 和爸爸、爷爷奶奶同住,是一家三代的家庭结构,日常生活起居由住家保姆负责。入学前,小 A 的生活由保姆照顾,学习由爷爷奶奶关心,爸爸从事金融行业,忙于工作,无暇顾及孩子。入学以后,小 A 爸爸开始承担孩子学习成长的陪伴任务,遇到问题时多是批评、指责、说教,甚至嘲讽居多,对孩子的闲暇时间也没有重视,多数情况下孩子与电子设备为伴。因此,小 A 爸爸对孩子的个性、学习和行为习惯方面处于一知半解的状态,入学后各种学习无法有效衔接,家长无法适应孩子的初入小学阶段,以前的"父慈子孝"自然变成"鸡飞狗跳",父子沟通交流经常以不欢而散为结局。长此以往,小 A 父子间常以任务性沟通为主,缺乏温情和支持。

(3)孩子缺乏有效的学习支持

由于母亲的缺位,小 A 的生活起居全部由家里的祖辈和保姆代办,因此小 A 生活自理能力较差,不会及时整理自己的学习用品,到学校无法及时将自己的书包整理好,不能按时上交作业,自己的学习用品也经常丢三落四,待人处事上常以自我为中心,不懂得换位思考,缺乏沟通技巧。而祖辈的精力有

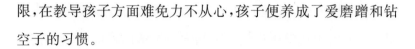

限,在教导孩子方面难免力不从心,孩子便养成了爱磨蹭和钻空子的习惯。

四、改进措施

综上所述,小 A 与父亲之间属于冲突、疏离性关系,为了指导小 A 爸爸,帮助小 A 改变现状,改善亲子关系,我尝试用以下方法破解家校沟通难题,激发学生学习兴趣,指导家长家庭教育方法。

(1) 变"—"为"＋"

我们常说要关注孩子的心理健康,其实家长的心理状态和情绪也值得重视,毕竟不是每个家长在面对老师提供的负面信息都能够做好消化和处理工作。小 A 的爸爸明显已经抵触负面信息了,我就不能继续向他告知孩子在校的不良表现。于是我另辟蹊径,告诉他孩子的点滴进步——

您好,小 A 爸爸。孩子今天的学习进步很大,上课坐姿端正,积极举手发言,声音响亮,作业也完成得很认真,练习册和写字本也交了。因此发个表扬短信给您。

今天孩子的书包快速整理好了,所有课堂作业都上交、完成了,是在老师没提醒的情况下主动完成的,而且速度比班级里部分同学还要快。

今天又全部做完了。小 A 一大早还问我:"今天有什么作业? 先发给我,我可以做起来了。"

……

214

尽管这样的表现与班级其他同学相比尚有差距,但是对小A来说已经是在进步了。把这样的信息传递给孩子和家长,都是进步的力量。可想而知,家庭氛围也逐渐得到了改善。我又适时告诉家长,孩子的"佛系论"不是真"佛系",而是真消极。家长在看到孩子的进步和老师的良苦用心后,也逐渐改变原来的态度,转而积极响应和配合,进而亲子关系逐步缓和。

(2)变"?"为"!"

每天中午值日生劳动时,小A总喜欢在教室内外和同学玩闹,轻则影响值日生劳动,重则被护导老师扣分,结果影响班级荣誉,为此小A没少被一些爱护集体荣誉的同学责怪。我便提出让小A帮助值日生扫地。没想到小A欣然应允,扫地、拖地都很乐意完成。就这样,每天中午小A就会在我的提醒下和值日生一起劳动,我时常指导他如何完成扫地、拖地、排桌椅。每次认真主动完成,小A就可以得到一枚"五角星"(班级争章评价机制)。后来,我暗暗鼓励小A:如果你喜欢做值日劳动,你可以试试做劳动委员的工作哦。

一天早上,我来到教室,发现学生座位底下纸屑垃圾成堆,我正准备抄起扫把把它们打扫干净,转念一想,觉得这是一次不错的与孩子们交流讨论的机会。

8点多,大部分学生均已到校,忙碌着整理书包、上交作业、晨读,就是对那一堆的垃圾视若无睹。我示意学生们停下手中的事,讲起一个男青年在参加五百强企业面试时捡起了面试室垃圾桶旁的几张纸屑而被录用的故事。为什么他被录取了呢?一年级的小学生津津有味地听完故事,竟然纷纷提出自己的见解，侃侃而谈。我深深佩服他们的个性表达，于是抛出一个问题：那么我们教室里的这堆垃圾呢？话音刚落，好几只小手举了起来，小A是最先举手的那个。自然，他就成了那个"被五百强企业录用的员工"。由于有日常值日劳动的经验，小A三下五除二就把垃圾清理掉了。趁此机会，我便宣布小A担任班级劳动委员，并给小A爸爸发去了喜讯——

您好，小A爸爸。今天安排小A承担中午管理值日生劳动的任务，他完成得非常出色，表现出了超强的管理能力，能够大声提醒同学劳动，及时发现问题补位。我好好地表扬了他。这同时还解决了他午间在外奔跑的问题，对他完成作业、认真听讲也有明显的促进作用。希望家长能够配合教育，给予鼓励和指导。

自从他开始做劳动委员，教室地板越来越干净了。他又能自己做，又会管。今天听写也是历史性突破，正确率提升了。另外，能否在空余时间教教他怎么挤干抹布和整理收拾抹布，下周三午会课让他演示给同学们看。

……

自那以后，小A便坚守起劳动委员的岗位，发挥着爱劳动、"爱唠叨"的特长。在我的引导下，他经常帮助值日生一起劳动，还在午会课上演示劳动工具的使用和收纳等，渐渐成为能够独当一面的班干部。我看到这个原本对同学和老师的话一脸无所谓的佛系男孩的脸上渐渐地表现出积极进取的一面。

（3）变"。"为"，"

虽然"佛系"男孩小A已经转变，但对于小A的关注并没

有画上句号,而是拓展到更多方面。每当早上能够收到小 A
主动上交的作业,课上小 A 的发言很精彩,朗读很流利了,其
他老师表扬小 A 的进步了等等,我便会及时肯定:“瞧,小 A
当了劳动委员以后,学习也更认真了。他是我们的小榜样!”
学生在老师的持续关注下感受到了信任感和安全感,恢复了
学习的自信心。与此同时,我也建议小 A 爸爸,多将孩子进步
的消息告知妈妈,创设机会让妈妈也一起参与鼓励孩子的进
步,给予他源源不断的成长力量。

五、主要成效

经过一个学期的努力,担任劳动委员对小 A,以及老师和
家长都是一个破解难题的契机,原本佛系的男孩变身为进取
儿童。在这个过程中,学生、家长和老师都发生了变化。

(1)学生的变化

《家庭美德读本》一书中说:“教育好孩子就是激发孩子的
最佳潜质。”通过我细心的指导和及时的肯定,小 A 融入了班
级日常生活中,包括争章评价机制,从争贴纸到发贴纸,在反
复的角色互换中,他的规则意识和责任意识得到了增强,他的
自理能力和劳动能力也得到了提升。

(2)家长的变化

《品格教育论》一书中指出:“家长通常是孩子品格发展最
主要的影响因素。当学校和家长通力合作时,品格教育往往
最见成效。学校有必要对家庭道德教育进行补充,尤其是对
不完整的家庭教育进行完善。”小 A 爸爸在老师的影响下,从
“吐槽”儿子的糟糕表现变为理解包容、耐心指导和适时鼓励,

从被动接受老师的指导到主动思考教育孩子的方法,亲子关系也因此得到改善。

(3) 老师的变化

著名教育家王晓春教授说:"教育不是管理,而是帮助和指导。"我以往遇事喜欢就事论事来处理事件,抛问题,引导学生解决问题。如今我更倾向于和学生一起围绕故事的主要内容、情节脉络,通过相互的对话、讨论,进而使学生自主选择、认同某些价值,逐渐热衷于做一个会讲故事的老师,吸引学生兴趣,进而影响学生的道德发展。

六、反思

全国优秀班主任许丹红老师说过:"教师要用自己的智慧去赏识孩子,去激励孩子,想方设法调动家长的积极性,拉近孩子、家长和老师之间的距离。这样想来,教育充满了美好的诗意……"许丹红老师说的这种诗意就是一种职业幸福的感受。我想,她的成功在于能够从家长实际出发因材施教,教师主导作用与家长主体作用相结合,实现了一种教学相长的效果,这成长是三方的——学生的、家长的、教师的。而这一次,我同样也感受到了这种难得的幸福。

(上海市闵行区实验小学　周隽弘)

45. "我想换个爸爸"

——对一个学习拖拉男孩的跟踪辅导

　　课间休息时，我和孩子们在教室外的走廊里聊天。小队长小雨神秘兮兮地告诉我："张老师，小凡说想和我换个爸爸。"说起小凡，他圆圆的脑袋，大大的眼睛，胖乎乎的身体，笑起来活像一尊弥勒佛。小凡平时热爱劳动，大扫除时不怕苦不怕累，和同学相处时宽宏大量，在班里也较有人缘。可是一到做作业时，小凡就像换了个人，磨磨蹭蹭，不到傍晚放学，作业根本就收不上来。双休日的作业比平时稍多一些，到周一他就会不好意思地告诉老师这样忘拿了，那样漏做了。因为小凡的作业总是拖拖拉拉，同学们都称他为"小蜗牛"。我知道，小雨和小凡是一个村里的孩子，两个人一起上幼儿园，又一起上了小学，因为家离得近，又是同一个班，两家人一直关系很密切。小雨和小凡两个人的爸爸也是发小，两家人经济条件相当，想必小凡也不是嫌贫爱富才要换爸爸。

　　怀着好奇心，我找来小凡一探究竟。听到我的问话，小凡不好意思地笑了。在我的再三追问下，小凡告诉我，一到双休日，小雨的爸爸就会带着小雨到处走，有时去公园，有时和小雨一起打羽毛球，而他自己的爸爸，一到双休日，就把他关在家里，给他布置很多作业，所以他真的很想和小雨换个爸爸。

听了这些,我隐约感觉到,小凡的作业拖拉可能和他爸爸平时的教育有某种关联。在和孩子一次次的接触中,小凡向我吐露了心中的烦恼:原来,从上一年级开始,只要小凡一做完老师布置的作业,他爸爸就会给他布置许多作业,如完成"一课一练"、默写课文等。小凡在和爸爸一次次的"较量"中,渐渐找到了"妙招"——把学校作业做得慢点再慢点,等完成的时候已到晚上九点以后,爸爸就不会再让他做额外的作业了。长此以往,小凡渐渐养成了拖拉的习惯,结果就是有时想快也发现自己快不起来了。

通过家访,我了解到小凡的父母都是普通工人,父亲是当地的"征地工",母亲是外来媳妇。夫妻俩自身学历都不高,但都非常希望自己的孩子能成材。在和家长的一次次联系中,我了解到小凡父亲其实对小凡的要求非常高,只要他在家,小凡就必须完成他布置的各项作业。如果小凡完不成父亲布置的作业,就会得到严厉的惩罚。为了孩子的教育问题,小凡的父母多次吵架:母亲认为父亲太严厉,父亲认为母亲太宠溺。

综合小凡的各种表现,我认为他表现出的是学习动机缺乏。学习动机缺乏者在学习中往往表现出学习懒惰、容易分心、厌倦情绪、缺乏技能、依赖性强等行为特点,往往平时不愿看书,不愿动脑筋、贪玩;学习上拖拉、散漫、怕苦怕累,经常为自己的懒惰行为找借口。这些孩子常常想,等我有时间再好好看看书吧,等我有空再学习吧,等我精神好的时候再认真思考这个问题吧。于是,时间便在等待中流逝,而自己可能永远也不会"有时间"或"有空"或"精神好"。人都是有惰性的,但动机缺乏者的惰性表现得特别明显。

造成小凡学习动机缺乏的原因是多方面的。从他自身来看，由于他把学习看成是奉命的、被迫的苦差事，因此不愿积极寻求一些适合自己的学习技能。由于缺乏正确而灵活的学习技能与技巧，所以小凡往往难以适应新的学习，在学习上没有明确的目标。另一方面，小凡父亲的"专制式"教育，没有考虑到孩子的内心感受，使孩子选择了逃避式的对抗方式。

一、对家长的建议

（一）找到原因，对症下药

（1）学习习惯的培养。例如，不能先玩再做作业，不能一边做作业一边吃东西。

（2）学习兴趣的培养。让小凡重新树立学习的自信心，敢于改变自己、挑战自己。

（二）明确目的，改变策略

策略一：帮助孩子设定适度的目标。孩子的目标不能定得太多太高，让他感觉遥不可及。一周定一个小目标，哪怕是很小的目标，我们也要予以肯定与支持，并把这个目标写下来贴在写字台上，让小凡时刻记住自己的目标。

策略二：及时给予孩子表扬。在计划实施过程中，即使孩子有很小的进步，我们都要表扬，肯定他的进步，增强他的自信。我们要放大他的闪光点，让他充满自信地过好每一天，让他找到"我是好孩子"的感觉。

策略三：共同关注孩子的学习过程。在计划实施过程中，老师和家长共同帮助小凡认真完成每天的作业，让他改掉一边做作业一边做其他事情的坏习惯。当小凡在学习或生活中遇到难题或不顺心的事时,我们应予以足够的重视与及时的帮助。同时要防止小凡行为的反复,家校共同携手,记录小凡的情况,并给予适切、中肯的评价,共同培养小凡良好的学习习惯。只有这样,小凡才能彻底地与过去说再见。

(三) 加强学习,注重交流

家长要注重自身理论学习。可以订阅相关杂志、报刊,如《不输在家庭教育上》等,用先进的教育理念指导自己日常的教育行为。平时注重亲子交流,多听听孩子的心声,理解孩子的需求,并给予适当的帮助。

(四) 走入家庭,走向大自然

在假期可以带小凡走入好学生的家庭,了解他们的家庭生活,交流他们成功的育儿经验;也可以带他去一些贫困家庭学生的家里,了解他们的疾苦,学习他们的品质;还可以带小凡走向大自然,了解社会,感受社会的变化,以此促进他更好地学习。

二、对孩子的建议

(1) 制定一张作息表,并严格执行。

(2) 寻找一个安静的学习环境,认真完成每天的作业。

(3) 自己安排自己的作息时间,比如可以把喜欢的作业放在最开始完成,把做完的作业打个勾等。

(4) 每天给自己做一个评价。做得好,奖励自己一颗星;做得不好,找出原因,反思不足。

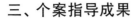

三、个案指导成果

第一，经过家校配合，小凡的拖拉行为逐步得到改善。在学习时，注意力集中的时间延长，学习主动性增强。

第二，父母的教育观念发生了质的变化。他们能够自觉阅读育儿书籍，学习各种家庭教育的科学方法，并认真完成每月一题的家长作业，进行反思与重建工作。遇到问题时，他们能学以致用，通过书籍寻找办法，解决问题。他们每天能花一定的时间与孩子交流、玩耍。

第三，老师的家庭教育指导能力再一次在实践中得到提高与发展。教师能和孩子交知心朋友，能和家长交流家庭教育科学方法，并帮助家长找到孩子的问题所在，特别是找到家长教育观念、方法、技巧等方面存在的问题，并提出相应的解决办法。

四、结论与反思

（一）结论——掌声与鼓励

每个人都渴望成功，都渴望被别人欣赏。我决定用赞许点燃小凡那份内心的渴望，让他感受到成功带来的喜悦，激发他学习的兴趣，帮助他树立改正错误的信心。因此，我更关注小凡的一言一行。其实，小凡的进步在常人眼里根本算不上什么，但我决定放大他的闪光点。为了更好地帮助小凡，我发动班干部和他结对子、做同桌，提醒他上课专心听讲，有作业要及时完成。在班干部和同桌的提醒下，以及小凡自身的努力下，他有了一些进步——学校作业能按时上交了，虽然有时正确率并不高,但至少不拖拉了。我对小凡的每一个点滴进步都表示祝贺。慢慢地,小凡也找到了快乐和自信。

(二)反思——沟通与交流

随着生活节奏的不断加快,焦虑和烦躁常常会使一些家长在教育孩子时因情绪不稳定而采取粗暴的教育行为。但我们的家长是否知道,它已对孩子幼小的心灵造成了不同程度的伤害,使孩子产生不健康的心理和行为?当我们发现孩子有违反纪律或有不良行为习惯的时候,为什么不能就事论事,心平气和地讨论,而总是一味地批评?为什么不能从思想层面上进行沟通和交流,使孩子心悦诚服地接受我们的教育?要记住,好孩子是夸出来的,而不是骂出来的,让学生找到"我是好孩子"的感觉,他们才能做一个好孩子。

我们的小凡已找到"好孩子"的感觉,已找到属于他自己的那份自信,属于他们家庭的那份快乐。但还有更多的"小凡"正等待着我们去聆听他们的心声,叩响他们的心扉。

(上海市闵行区实验小学 张世红)

46. 再见了，我的"情绪小怪兽"

小 F 同学阳光开朗、天真烂漫、活泼好动、思维跳跃，是一个可爱的"小话痨"。同时，他经常难以控制住自己内心的"情绪小怪兽"，这使他容易情绪激动，莽撞暴躁，在遇到困难或矛盾时会畏难爱哭……小 F 各种奇怪的表现常常引人侧目，甚至因此成为我们年级的"名人"。

为了帮助小 F 同学顺利地学会自我控制，告别"情绪小怪兽"，快速和同学们一起进入学习正轨，我利用"全员导师制"活动，协同小 F 的家长一起走上"打怪升级"之路，共同制定并推进了以下教育策略。

一、师生牵手篇

（一）勾画蓝图，铺设"向上阶梯"

小 F 同学长期以来对自己的成长没有正确的规划，家长也缺乏对他长远发展的引导，所以，我们先和他一起勾画未来蓝图，设置最近发展区，然后铺设一步步向上攀登的阶梯。

（1）定约：根据小 F 同学的实际情况，老师和家长共同商议他的习惯积分的基础分值和目标分值。

（2）积分：每周五由小 F 自己和周围同学为其积分，21 分为一个周期。

（3）报喜：满21分后就在群里向全体老师、家长发布进阶喜报。

（4）采访：对小F及时进行采访，了解其进步的经验并总结成文本。

（5）宣讲：进阶为好习惯宣讲团的储备人才，随时向别的班级输送资源，拍照发送。

（6）宣传：我们还通过班级公众号，图文并茂地将孩子进步的事迹向大家广为宣传，让小F的自豪感更加强烈。

（二）情景模拟，解读情绪反应

有一段比较长的时期，小F同学经常处于暴躁的状态，负面情绪外放、反应过激、行为粗鲁，常常与同学产生矛盾，甚至一言不合大打出手。当老师进行教育时，他只能看到别人的问题，大声叫嚷，甚至会满地打滚，不依不饶。

经过和家长一起分析，发现小F从小是由爷爷奶奶带大的，被过度宠爱，一旦和其他孩子发生矛盾，爷爷奶奶就会为他撑腰，向对方孩子及家长兴师问罪。

于是，我在课后和他具体地分析，复盘事情发生的经过，经常会发现其实是他误解了伙伴们的意思，或者是没有抵御住伙伴的挑逗。为此，我向小F妈妈提出有针对性的建议：在家里和他进行相关的情景模拟，例如如果有同学轻轻地碰到你，可能是无意的，而且没有造成对你的损伤，你该怎么反应？同学故意叫错你名字，你该怎么办？……在情景模拟过程中，当小F出现认知偏差时，正好可以进行及时跟进和指导，化问题为资源。

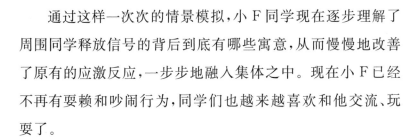

通过这样一次次的情景模拟，小F同学现在逐步理解了周围同学释放信号的背后到底有哪些寓意，从而慢慢地改善了原有的应激反应，一步步地融入集体之中。现在小F已经不再有耍赖和吵闹行为，同学们也越来越喜欢和他交流、玩耍了。

二、家校携手篇

（一）家校保持顺畅沟通

教育方法有效得当的前提，必须是开展充分的家校沟通。在小F同学情绪容易失控的阶段，我几乎每天都和小F妈妈保持微信联系，互相沟通孩子的学习生活情况，及时发现孩子存在的问题并加以解决。

我们始终坚信，只有全面了解掌握孩子的特性，才能找到最适合的改善方法。一切问题的解决要从找到原因开始，每天分析小F各种行为的原因，成了我们老师和小F家长的必修课。

（二）红黑榜单，提升规则意识

小F同学以前没有形成良好的规则意识，是非观念较为淡薄，不懂得辨别危险的行为和事物。为了让小F能尽快地掌握在校规则和是非对错，我们将很多事例以红黑榜的形式展现出来。

例如：哭闹、吵架都会影响班级秩序，在走廊追逐打闹是危险的，不讲道理、不尊重老师是不符合小学生规范的，乱放书包、书本和物品会让自己周围的环境杂乱不堪；而及时完成作业是高效的好习惯，为家人做家务、乐于助人是值得鼓励的,能说得清回家作业说明在学校认真听讲了,也有助于自己有效完成作业,等等。通过这些形式每天强化规则意识,让小F同学明白了在学校要遵守学校的规章制度,时刻约束自己的行为。

(三) 积分奖励,调动积极性

当孩子的规则意识增强,辨别是非能力明显提升之后,我们发现小F同学的行为进入过渡波折期。我们再次商议之后,适时地将评价形式升级为红黑积分榜,并且加入了学习状态评价,鼓励孩子积极投入学习。每天,我们老师都会及时告知家长小F的在校情况,家长根据反馈,给予他哭脸和笑脸的评价,集齐了相应数量的笑脸,就可满足孩子不同的愿望,以此激励孩子主动养成良好的学习习惯。

(四) 心理疗愈,强化内心动力

经过和小F妈妈的反复沟通,我们确认了孩子的问题根源,发现孩子需要调整多方面心理因素,例如孩子容易分心从而经常在学习和生活中出现错误,由此导致一系列困扰,还怕其他孩子嘲笑而大发脾气,甚至大打出手。当家长和老师提出批评时,小F又会将情绪转嫁到师长头上,认为没有人理解他、关爱他,于是更加生气、愤怒。

为了进一步倾听孩子的心声,帮助孩子梳理繁杂的内心世界,缓解孩子因犯错而产生的内疚情绪,我们开始通过沙盘推演、走迷宫、互动反应等心理小游戏,来帮助孩子强化专注力练习,改善应激反应,提升孩子内在自控力。此外,我们还指导小F通过在家洗碗、洗衣服、整理衣物等家务活,进一步强化自理意识和能力,提升自己的感恩之心和换位思考能力,逐步完成从物化于形到内化于心的转变，帮助孩子有效地控制内心世界，维持平和的心境，学会容纳外界的各类突发事件。

（五）亲子阅读，培养共情能力

利用小F爱读书、爱听故事的特点，我们对他加强了亲子阅读的指导。

第一步，需要选择适合的读物。为了让孩子更加直观地感受阅读的乐趣，我选择先从绘本开始，比如"宫西达也的恐龙绘本系列"、《我有友情要出租》《快乐儿童的7个习惯》《我不生气，冷静是种超能力》等。

第二步，让孩子有充分的时间自行阅读一遍绘本内容，满足孩子的好奇心。

第三步，请孩子简述他所理解的故事。在他讲述的过程中，要注意观察孩子的错漏环节，重点关注所理解含义是否有偏差等。

第四步，提醒家长须提前做好功课，为孩子重新讲述一遍内容，并对读物中的重点进行解释。特别是在孩子出现理解偏差时，需要着重强调。

第五步，请孩子再次复述故事梗概，以及所理解的含义。要确定小朋友真的读懂了故事，从而既培养孩子的阅读理解能力，又达到与故事共情的效果。

举一个例子："宫西达也的恐龙绘本系列"传达的是一个个温馨的小故事，通过孩子们喜爱的恐龙角色引出情感共鸣。其中，最让小F感动的是《遇见你，真好》这个故事："面恶心善"的霸王龙从一开始要吃掉棘龙宝宝，到最后被棘龙宝宝的孝心所感动,决定牺牲自我去帮助它。这些都让小F了解到"当你用心地对待朋友时,朋友也会真心地对待你"。这也有效改善了小F在幼小衔接阶段与同学交往方面存在的问题。在老师的指导下,小F同学将这本《遇见你,真好》分享给了同班和其他班的同学们。

通过以上这些方法,小F同学的自控能力明显加强,渐渐摆脱了他的"情绪小怪兽"。虽然目前小F同学依然存在这样那样的问题,但是他的进步是有目共睹的,老师们也对他赞赏有加。

高效的家校合作,让小F同学慢慢地赶上了大部队,成了一名人人称赞的"提速小蜗牛"!

同样,在和"情绪小怪兽"战斗的过程中,老师以包容友善的态度,冷静理智的指导,建立家校智慧联盟,引领孩子走上成长阶梯,收获共赢。

(上海市闵行区实验小学　葛　平)

47. "富二代"成长记

　　"富二代"现在可不是什么新鲜词儿，我们班就有这么一个。小楠同学可算是我们班里的小小有钱人，身边总带着"巨额"零用钱。小楠有时候偷懒不愿意打扫教室，就会用自己的零花钱"雇"其他同学帮他打扫，甚至还让别的同学帮他写作业。在朋友眼里，他可算是个"豪爽"的朋友，出手大方。当小楠因为淘气弄坏其他同学的文具、书本时，他也只是毫不在意地说："这些小东西有什么了不起的，明天我让我爸爸再买一个给你就是了。"在他的眼里，自己可是一个"有钱人"，总觉得这些小事可以用金钱轻而易举地摆平。虽然平时我经常为此教育他，却总是收效甚微，长此以往，想必会给他的成长带来不利的影响。

　　针对小楠的情况，我特意找小楠妈妈聊了聊，但小楠妈妈表现得不是很在意，态度平淡地说："他爸爸经常出差，在家时间很少。我平时工作也很忙，很晚才下班。我们对孩子的关注少了，对孩子有点歉疚。如果他有什么要求，我们一般都会尽量满足。反正小孩子嘛，也花不了什么大钱，最多是买些零食、小玩具之类，没什么要紧的。"小楠妈妈还认为是老师想多了，这只不过是小孩子之间的游戏而已，更何况只是一些小钱，没有必要大惊小怪的。

听完小楠妈妈的话，我不禁暗暗叹了口气，严肃地说道："你这种做法是溺爱，不是疼爱。相信以前你在电视里看到过一些新闻，那些家庭环境优越的孩子正是因为父母的溺爱与放纵，才会犯下一些不可挽回的错误，这不正是对我们敲响的警钟吗？"

见小楠妈妈的面色凝重，我乘势又说道："小楠妈妈，作为家长，难道你不觉得自己应该给孩子做个榜样吗？现在小楠还只是用零用钱让别的小朋友帮他打扫，帮他做作业，可是这已经影响他的学习了。如果你放任不管，让他继续这样的行为，他就会觉得人活在世上，只要有钱，什么事都能做得到。你不觉得，让他有了金钱至上的观念是一件很可怕的事情吗？"

一听说会影响孩子的学习，小楠妈妈顿时着急起来："哎呀，听老师你这么一说，倒是真的不能再继续放任下去了，影响学习总归是不好的。老师，那你说说我到底应该做些什么，才能帮他把这个坏习惯给改过来呢？"

看到小楠妈妈总算愿意听我的建议了，我不禁松了口气，向小楠妈妈提出了以下几条建议。

一是先让孩子学会储蓄。比如定期带孩子去银行，把压岁钱和零用钱存起来，作为孩子今后上大学的学费。账户密码可以让孩子自己保管，不过也需要家长定期监督和检查。

二是换一种方法给孩子零用钱。比如平时可以让孩子在家里做些力所能及的家务，从中赚取零用钱。不过金额不要太大。这种方法主要是教会孩子懂得只有自己付出劳动，才能有所收获。

三是父母也要给孩子做一个榜样。父母平时花钱不要大手大脚,要让孩子知道父母赚的每一分钱都是辛苦所得,应该要把钱花在有用的地方。比如一些学习用品就可以让孩子用自己赚得的零用钱去购买,花费自己的劳动所得,孩子才会更懂得珍惜。

随后,我趁热打铁,在班级里召开了一次名为"小小理财人"的中队主题会,让孩子们讨论自己平时都是如何使用自己的零用钱的,逢年过节从长辈那里得到的压岁钱又是如何处理的。课上,孩子们讨论得十分热烈,有的说把钱都存进了银行,有的说用来支付自己的学费……而这时小楠却一言不发,坐在座位上沉默不语,似乎正在思考着什么。我相信,同学们的"理财"观和方法激起了他心中的阵阵波澜。

在后来开展的课外实践和"六一"义卖活动中,小楠破天荒地表现出"铁公鸡"的一面:一把 50 元的玩具水枪嫌贵没有买;义卖中带了不少自己的玩具、书本来学校,说是要把这些东西都卖了,好把赚到的钱都捐给灾区的小朋友们。看来,这只"铁公鸡"不是吝啬,而是懂得把钱用在帮助别人这种更有意义的事情上。班级里的同学们也告诉我,最近都没看见小楠带零用钱来学校,而且每次的打扫和作业都是自己认真完成的。小楠妈妈也高兴地告诉我,小楠最近在家都很积极地帮她做家务,平时的学习用品都是用他自己的劳动所得去购买的。我觉得小楠渐渐开始了改变,他的心里已有了一些正确的金钱观念。

学生是种子,需要我们精心培育。种子种在怎样的泥土里，决定了他未来会发出怎样的芽来。而种子的成长有赖于泥土和阳光的共同合作，才能生根发芽。如同学生的成长有赖于家长和老师的共同播种一样，就像小楠，正是因为他的妈妈和老师在他成长的过程中，发现问题后及时给予帮助，给予鼓励，从而帮助他树立了正确的人生观、价值观。

家长平时的言行举止对孩子有着潜移默化的作用，家长的人生观甚至会直接影响到孩子价值观的形成。就像小楠妈妈一开始并不在意培养小楠正确的价值观，于是小楠就养成了乱花钱的习惯。而一旦小楠妈妈能够以身作则，注意自己平时的言行举止，就如同改变了种子的成长环境，那么最终种子会健康成长。

家长是泥土，老师是阳光，需要给予种子充分的关怀。种子的发芽离不开泥土的培育，也离不开阳光的照耀。如果只是把种子播撒在泥土里，没有阳光的照耀，种子也无法健康地发芽成长。如果说泥土给种子提供了成长的重要场所，那么阳光就是让这个场所变得更适合种子成长的催化剂。通过这次的事情，让我了解到老师要帮助孩子，首先要改变家长。只要教师有着锲而不舍的精神，真诚地对待家长，为了共同的目标，取得家长的信任和支持，那么孩子就能够朝正确的方向前进，而不会迷失方向。

（上海市嘉定区南翔小学　朱　慧）

48. 敏感与依赖，傲慢与偏见

——关于青春期情绪与学业压力的家庭教育指导实践案例

一、案例背景

青春期是人生发展的关键时期，也是情绪发展和培养的重要时期，老师和家长都需要对青少年进行及时有效的教育和引导，否则青少年容易产生情绪障碍，影响心理健康发展。

小学升初中后，一些学生适应速度较慢，很难进入状态，对新学段学习任务的完成感到困难，学习成绩起伏波动。而青春期原本就是情绪"大动荡"时期，情绪不稳定，易于波动。这时不仅是学校教育，家庭教育的重要性亦被凸显。作为初中班主任教师，更要关注青少年情绪的变化，情绪与学业之间的影响，以及青少年的情绪在学校、家庭中得到的反馈。面对我们班小邓的情况，我不仅要对个人、班级采取一定的措施，还要以家访等形式来了解她的家庭。

二、问题概述

场景一：

小邓上初中之后，不是很能适应初中生活，作业完成效率不高,对于新知识接受较慢,平时测验不太理想。

场景二:

新学期过半,在课上提问环节,小邓主动回答问题,说了一个错误的答案,周围有同学哈哈大笑,小邓的脸立刻变得很红,下课后迅速离开教室,在下一节课上课几分钟后才红着眼睛回到教室。此类情况在不同学科的课堂上发生过几次,每次哈哈大笑的人里都有小彭,他也是最夸张的那个。此后小邓再未主动回答过问题,面对随机提问也总是很紧张,声音发颤。

场景三:

新学期后期,小邓有时会在有当堂抽背、课堂展示要求的当天请假,有时会因自己白天在某处没有表现好而请明天的假(了解后发现)。只要提出,她妈妈都会帮她请假。

三、原因分析

对于小邓的情绪、学习压力以及班级课上问题,我在向科任老师了解情况的同时,也对小邓和小彭进行了家访,进一步了解情况。

小邓:

(1) 父母"全能",性格依赖

小邓的原生家庭整体氛围比较和谐,父母无论是在工作岗位,还是维系家庭上都很能干。小邓的父母尤其是妈妈,非常"全能",家里外大小事务都能很快给出解决办法,对小邓的照顾无微不至,小邓从小就有"不管什么问题只要找妈妈都可以顺利解决"的意识,久而久之连每天穿什么衣服都拿不定主意,许多事情都无法做出决定,遇到问题很难独立思考,形成了比较依赖的性格,所以在学校遇到问题后,会选择用请假回家的方式来回避。此外,小邓的承受能力和适应能力也在父母的过度保护下没有太多的发展,面对学业的压力,情绪会变得不稳定。

（2）家中长姐,缺乏安全感

小邓家里还有一个弟弟,平时父母虽然对小邓的关注也非常多,但在弟弟的婴儿时期,家长将更多精力放在照顾婴儿上。为配合婴儿的作息,晚上 7 点后父母卧室就大门紧闭,小邓选择 7 点后不再打扰父母,有一段时间小邓与家长在晚上 7 点后几乎没有沟通和陪伴。

小彭：

（1）父母溺爱,盲目"顺从"

小彭父母非常宠爱小彭,几乎有求必应,对孩子自身的是非判断、价值选择几乎都持支持态度,对孩子的行为比较纵容,也比较"顺从",孩子有些骄傲自满。英国著名教育家洛克曾说:"'自然'很明智地使父母爱自己的子女,但这种自然的爱如果摆脱了理性的严密监视,就很容易转变成溺爱。"研究表明,父母教养方式的两个维度对作为子女的初中生道德敏感性的影响是不同的。权威型父母所培养出的子女,其道德敏感性水平显著高于溺爱型父母。

（2）引导有误,价值观偏差

小彭父母经常表扬孩子,但表扬的话语存在问题。他们经常说"还是我儿子厉害,他们都不如你","在乎他们干什么,你自己优秀就好了"。家庭道德遵循着血缘情感的逻辑。但是,当代家庭中父母的教养方式存在重智轻德、重理性轻感性等问题,使得家庭的情感角色缺位,在学业压力下,加剧了价值观引导的错误,让小彭产生骄傲感和对他人感受的忽视。

四、对策措施

(一)让父母逐渐"放手",引导孩子独立思考问题,提高承受与适应能力

初中生存在一定的学习压力,但要让孩子们正面对待且直面学业和自己的情绪。在了解具体情况后,我与小邓父母又多次进行了交流。我建议小邓父母用引导性话语代替决定性话语,在孩子寻求帮助时,循循善诱,让孩子自己明晰内心所想,自己逐渐做出决定。我建议小邓一家施行改编版"契约目标",不同于预备年级常用的亲子养成好习惯。小邓一家的契约主要围绕"自己做主"来进行,大目标只有一个,就是以独立思考为主,在能力范围内自己做决定。

(二)让父母多进行言语和行动上的鼓励,引导孩子发现自己的优点

对于小邓飘忽不定的成绩,我与科任老师进行了沟通,了解她平时的学习情况。我鼓励小邓在课下多与老师交流学习心得,将自己的困惑表达出来,建议家长对小测验等阶段性成果进行表扬和奖励,提高小邓的自信心和学习动力。此外,我会及时将在学校对小邓的观察情况与其父母沟通,让其父母对小邓在学校的言行表现加以鼓励,家校合作让小邓重拾信心。平时也建议小邓父母多带小邓进行亲子户外活动,在增进感情、加强沟通的同时,鼓励小邓结交新朋友,多表达自己。

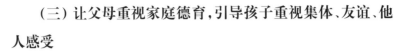

（三）让父母重视家庭德育，引导孩子重视集体、友谊、他人感受

我向小彭父母推荐了德育类书目，并建议孩子父母平时多关心孩子的人际交往，多了解身边同学，在学校开放日带领他们参观学校，理解"温馨班级"等校园文化。同时，我鼓励小彭多参与班级活动，并请小彭担任一段时间的"值周班长"，让其在责任中深入体会班级文化，增加与其他同学的沟通，培养其对自我言行的高要求。回家之后，要求小彭把每日班长的工作汇报给家长，亲子一起分享集体的温馨。

五、经验萃取

（一）孩子的敏感情绪需要家庭教育的正确引导

青少年时期，随着自我意识的发展，青少年自我调节能力和控制能力逐步增强，应该注重引导青少年进行积极的情绪管理。青少年正处在身心快速发育的阶段，学习压力大，人际关系冲突大，家庭环境复杂……这些问题是学生成长过程中必须面对的。而家长的一言一行都会对子女产生潜在的影响。老师要善于从青少年的成长过程着手，加强与学生父母的沟通和交流，帮助学生父母建立一个正确的家庭养育观念，优化青少年家庭教育，提升孩子们对情感的控制能力。此外良好的家庭教育有助于增进亲子关系，为儿童青少年未来成长指明方向，最大程度提升其主观意识，帮助其养成良好习惯，形成积极品质，进一步促进儿童青少年心理健康，降低其心理风险。反之，不良的家庭教育使得亲子冲突等亲子问题凸显，亲子关系质量下降，导致儿童青少年出现较多的心理问题,特别是情绪问题。

(二)家庭教育观、家庭德育非常重要

在家庭教育观上,要以立德树人作为新时代家庭教育观,厘清家庭教育和学校教育的界限,突出家庭教育修身立德的基本职能。以德为先,突出重点,抓好思想、品德、习惯和人格等方面的教育培养,筑牢孩子一生幸福之基。在父母能够较好地接受和理解子女的时候,再叠加一定的监督和成熟要求,将更有利于子女道德敏感性的提高。

学生在学校的时间有限,相比学校德育的阶段性,家庭德育的效果和影响更具有长久性、连续性、深刻性。道德教育应当融合在整个学校集体生活之中。家庭德育针对儿童的个性特点、生活现状、思想状况等,能够将德育工作因材施教地落实到儿童的学习和生活中。同时,父母应当积极营造温馨的家庭氛围,构建积极的亲子依恋关系,帮助儿童形成最初的利他主义倾向和团结感。

(上海市建平实验张江中学　刘思彤)

49. 用心去化开孩子的"结"

——初中生家庭教育方式指导的实践报告

一、案例背景

学校附近的外来务工人员比较多,大部分都是从农村来上海的。这些家长中较多为生计在努力,没有太多空闲时间和精力,对家庭教育也没有很好的认识,因此会忽视家庭教育和亲子关系,在教育上往往采取权威压制、暴力相抗的方式,这就使得其孩子在与其他人交往的过程中不太善于沟通,会以暴制暴,脾气大,比较敏感和冲动。我班上的小宁就是这样的一个孩子。

二、问题描述

(一) 场景一

"老师,老师!"一个孩子急匆匆地向我跑来。

"怎么了,小品?"

"班里有人打起来了!"

"什么?"军训刚结束不到五分钟,怎么就会有打架的事情发生?! 我着急地向教室冲去。

一进门,就看到两个面红耳赤的孩子坐在自己的座位上,叫小勇的孩子脸上挂着泪,叫小宁的孩子脸上写满了愤怒。为了让刚军训完的孩子可以好好休息,我把他俩叫到了办公室询问情况。

小勇说:"小宁打我,我什么都没做!"小宁说:"我和别人在玩,他一个劲儿地捣乱,要和我玩,烦死了!"听到这里,我很生气,显然小宁是不对的,再怎么样也不该动手,怎么能因为他想和你做朋友就打人呢!"小宁,你怎么可以这样!""我就是嫌他烦!""他是你的同学!"小宁的口吻里带着愤恨,我不懂这愤恨来自哪里,即便他极不喜欢小勇,也不该流露出这样的眼神——充满愤怒,甚至是仇恨,我有些被吓到了。

(二) 场景二

开学几周后,无论是语数外哪一门课,不做作业的人当中总有小宁,我找他谈了好几次,他都我行我素。其间和他的爸爸打过一通电话向他反映情况,但没什么效果,第二天小宁照旧没做作业;给他妈妈打过一通电话,她妈妈倒是和我说了很多,大致意思是她管不了他,这孩子的脾气太倔,而他爸爸总是用打骂来教育孩子。沟通几次后,家长显然怠倦了,总是敷衍我,我感到很无力。家长都没辙,这让我怎么办?

(三) 场景三

某一天早晨,我照常在办公室里批改作业,数学老师请小宁妈妈来学校了解情况,劝说小宁写作业。但是当小宁的妈妈看到他时,就开始责备他。原本安静下来的小宁立刻变了脸,大吵大闹,甚至跑到学校进门厅附近的雕塑上,怎么劝都劝不回来。

母子俩针锋相对,小宁仰头望着天,脸上挂满了泪,眼神里全是怨恨;小宁的妈妈则是满脸的无奈甚至绝望。小宁妈妈告诉我,每次我和她沟通完,只要把这件事告诉小宁的爸

爸,小宁一定逃不了挨一顿暴打。

三、原因分析

(一)幼时养育照护与身心启蒙的缺失

小宁跟着爸爸妈妈从小就在上海生活,其父母文化程度都是小学没毕业,所以在上海做的工作一直比较繁多,以此来维持生计,没有太多时间陪伴孩子。妈妈打零工,通常白天就把小宁托给群租房的室友。因此,小宁和父母的关系在小时候就是比较疏远的。

(二)家庭成员不同角色作用的忽视

小宁爸爸是一个脾气极为暴躁的人,只要有一些不高兴,都会打小宁。而小宁的妈妈看孩子可怜,从不说他,时间一长,小宁变成了一个难以管教的孩子。小宁父母双方的教育方式相对都是比较极端的,一个过分暴力,一个过分放任。

(三)行为塑造和认知发展的不全面

在小学的时候,小宁就不爱学习,也从不做作业。而小宁的爸爸每次面对这种情况都是靠打来解决,没有注重引导孩子去完成自己力所能及的任务,也没有培养他的责任意识和认真负责的态度,助他养成良好的学习习惯。"打"这种行为无疑是一种错误的示范,同时也深深伤害了孩子。

四、对策措施

(一)场景一的解决办法

在出现场景一的时候,我简单地认为,或许是那天小宁心情不好,既然是孩子,难免使使性子。因为平日里,小宁和正常的孩子一样。而预备班的孩子慢慢开始进入青春期,自我意识增强,思想浮动大,对外界刺激敏感,心灵容易被触动,自我调节能力差,在冲动之下,难免出现一些偏激的行为。而且我隔天就找小宁谈话,针对他的行为进行了教育,他很欣然地接受了,还向小勇道歉,完全和那天判若两人。我再次证实了我的想法,小宁只不过耍孩子脾气罢了。

(二) 场景二和场景三的解决办法

1. 临时应变措施——及时安抚情绪

在出现场景三时,我发现小宁的性格问题绝不是偶然,情绪起伏波动如此之大。我同情小宁,我想他的内心一定很渴望表扬赞美,渴望爱与关心。我用柔和的话语暂时抚平了小宁的情绪,让他妈妈带他回家休息一下,也建议小宁的妈妈多说些鼓励的话,不要再刺激小宁了。

2. 事后持续措施——教师积极关注

对于小宁这个孩子,我似乎看到了一个破碎、发育不健全的心灵,我似乎听见他在喊"给我一点爱"。在积极心理学看来,小宁属于低希望的儿童,这类儿童不能积极地要求自我,因此忧郁情绪较多。我为我之前对小宁的发怒感到愧疚。我决定从心理学的角度入手,除了平日里我阅读班主任杂志社出版的《班主任》期刊来学习经验,我还找来《给教师的100个建议》《教育心理学》《中小学教育育人篇》《心理健康》等心理学相关书籍和教育经验类书籍,希望对于小宁有帮助,对于做好班主任工作有益。

3. 事后持续措施——班级责任感建设

我开始安排小宁在班级里做些简单的事情,目的是为了提升他的自我存在感,让他知道需要关怀,需要被瞩目,要采用一种积极的方式。比如我让他坐在第一排,负责替老师开关上下课铃声;让不爱做眼保健操的他担任检查眼保健操的卫生员;让他做班级的监督员,谁在自修课上说话,就记下他的名字;让他做所在小组的小组长,负责收作业……

4. 事后持续措施——集体力量的凝聚

充分利用班干部的资源,协助完善班主任工作。因此,我在班级安排了几个心理观察员,班级一有什么动静,我都能及时知道并且处理。平日里,我也会找小宁聊天,和他聊聊他感兴趣的话题,鼓励他多说话,培养他和我之间的感情,做到心理相容,彼此认同。

5. 事后持续措施——家庭教育的协同

在这个过程中,我多次与小宁的父亲和母亲见面、通电话,及时反馈小宁的表现,尤其是小宁的进步,增加亲子沟通的话题,促进亲子关系的缓和。小宁父母相对来说比较配合,尤其是其母亲,正面引导更多了,而不是一味地去讨好孩子。

五、介入效果

(一) 作业反馈

某天一早,课代表来告诉我谁没有交作业,其中竟然没有小宁!他交作业了!我兴奋地找出他的本子——哈,抄写作业完成了,尽管字不是很好看,尽管本子有些脏,但是看得出,这字是一笔一划端端正正写的!这股高兴劲儿伴随着我一整天,让我神清气爽!显然我的积极培养出成绩了,小宁的积极情绪大有提升!

(二) 学校表现

小宁在上课时,不再只趴在桌上不动,和老师有了眼神的交流,甚至主动举手回答问题;自修课上他不再跑出座位玩耍,而是规规矩矩,像模像样地做着管理员;更重要的是,他脸上的"乌云"消散了,"彩虹"挂在他的嘴角。

(三) 家庭关系

小宁的父母,尤其是其母亲改变还是比较大的,她说她不会教孩子,现在她知道方法了,会主动地来和我沟通孩子的情况。小宁和母亲的关系相对来说也好了很多,懂得尊重母亲、关心母亲了。但是小宁的父亲这边因为工作忙碌,所以和我交流不算太多,和小宁沟通也比较少,但是打骂的行为也减少了。

(四) 性格改变

小宁的性格在学期末的时候相比之前稳定多了,但是反复还是偶有发生。他的自我反思能力,以及与他人沟通的方式发生了很大的变化,懂得去克制自己,懂得去关爱别人。

六、实践报告总结

这个案例是我在工作第一年时遇到的,我花了 2 年时间来跟踪观察这个孩子,后来他由于中考政策原因,回老家去了。其间我求教过有经验的任课老师、心理老师,也求教过领导和专家。在这个过程中,我的情绪也有过起伏,但是小宁在离开我班后,还会联系我,让我知道我的努力没有白费。

(一) 明确责任

当班级中或者工作中出现矛盾时,教师要明确自己的职责,牢记忍耐、担当和破解。忍耐,能让师生之间产生默契;担当,要把自己班级的事情言挂嘴边,声挂耳畔;破解,相信师生之间,没有化不开的疙瘩,用心去"破",一定有"解"。

(二) 明确原因

学生身上发生了问题,有时候是因为家庭"生病"了。那么作为班主任,要做的就是构建家校桥梁,学会提问、聆听和适当地介入,看清学生家庭成员之间的关系,发现他们的问题,找到合适的解决方法。

(三) 明确方法

教师要做的,除了主动去解决问题之外,也应当把班主任工作和家庭教育理论作为价值取向、实践启示、反思依据和角色担当去追求,结合多方力量,尽力为每个孩子营造一个温馨的学习环境。

(上海市建平实验张江中学　孙　月)

50. "麻烦精"不麻烦啦

——初中个性化教育中的实践指导案例

一、案例背景

家庭教育可以说是孩子一生中开始最早的教育，也是持续最长久的教育。在家庭中，孩子可以获得最基本的道德、品德、礼仪和习惯等方面的教育，这些教育对孩子的成长起着至关重要的作用。

作为初中班主任教师，面对青春期的孩子，既要关注这个时期学生的普遍特点，又要结合每个学生的个性化特点和家庭具体情况，有针对性地帮助每个同学，给每个家庭带去个性化的家庭教育帮助。

初中学生的特点是其生理、心理迅速发展，一方面使他们有了成人感，自我意识空前高涨，另一方面他们的情绪波动较大、心智尚不够成熟。这种幼稚与成熟并存、自我意识高涨的特点，使得一部分初中生表现出个性十足，常"行错、踏错"，又显得不听"教导"。我们班级里的小婉同学就是这样。

二、问题描述

场景一：

小婉同学学习能力突出、反应灵敏，在小学四年级就通过了钢琴演奏级的考试。她对周围人有着一种不屑，喜欢炫耀，同时缺乏自制力。小婉多次因各科作业出现雷同情况，而且核实为抄袭作业。在线上学习期间，发现她盗用其他同学作业的照片当作自己的作业图片提交。平时小测验期间，小婉的作弊现象更是层出不穷。

场景二：

小婉在未填写手机入校申请的情况下，多次私自带手机入校，且不关机，在卫生间里偷偷玩手机。我告知她此事需要和家长沟通，在此期间先替她保管手机。她非常紧张地说手机是借同学 A 的，不是自己的，要还给同学。我判断同学 A 不会长期把自己的手机借给她，这个手机应该是她背着父母自己购买的。同学 A 也证实手机不是 A 的。心中有了答案后，我换着方式问小婉手机从何而来，她一直不承认，直到我说出我的猜测后，她才终于承认。当我和小婉父母沟通此事时，其父母大吃一惊，颇感意外。

场景三：

学校举行合唱比赛，我发动同学，加上自己统整，创作了一首班歌，请小婉担任钢琴伴奏。她起初很高兴，请来她的钢琴老师指导，做了认真的准备。后来我请了一位声乐老师指导全班同学合唱，声乐老师对她的钢琴谱提出了意见，她深感不满，质疑声乐老师的水平。我收到了小婉的短信："老师，我还有自己的钢琴比赛要准备,这次钢琴伴奏我来不及弹了。"紧接着,我又收到一条她原本发给好友,却错发给我的短信:"我哪有空帮她弄《鸿鹄之歌》,真是搞笑,我还有自己的事情要做。"对于这些短信,我暂且没有回复。后来,有同学告诉我,小婉发了一条全年级同学可见的朋友圈:"家人们,把短信发给班主任是什么心情?谁愿意帮弹《鸿鹄之歌》?"这条朋友圈消息收获了一批"吃瓜"同学的回复。

三、原因分析

《初中学段家庭教育指南》指出:"做好家庭教育工作无论是对提高全民素养、促进家庭幸福,还是对学校教育以及社会主义精神文明建设都有积极的推动作用。"《中学生家庭教育指导方案》指出:"家庭教育是中学生成长过程中非常重要的一环,不仅可以提高孩子的综合素质,还可以促进家庭和睦。"

对于小婉的个性特征和行为表现,我通过向她本人了解对于父母的看法以及家访、多次和她父母沟通等方式,分析了小婉上述行为表现的成因。

(一)父母工作繁忙,疏于陪伴、管理

小婉的父母都是从事高薪工作,且工作繁忙,对她的陪伴严重不足。小婉告诉我说小学时某次生日非常渴望父母陪伴,也提前提醒了父母,但是父母当天却忘记了,对此她非常失望。平日在和小婉家长接触中,我也发现他们回家时间较晚,经常出差,家里更多是保姆来照顾,缺乏对于小婉的陪伴。

与此伴生的是其父母对小婉学习生活管理的缺乏。比如前文所述小婉私自购买手机事件。她的购买方式是知道妈妈

的淘宝账户和支付密码，就在因为手机依赖而被父母收掉手机之后，利用妈妈的手机登录淘宝，自行购买了一部手机，掐算了快递到货的时间点，自己取件回家。

（二）倾斜式夫妻关系，父亲极度严格

通过接触，我发现小婉的父母在夫妻关系中呈现倾斜式关系。“婚姻倾斜”是指家庭父母中的一方采用破坏性方式来支配家庭的倾向，而另一方却显得依赖和柔弱，对其逆来顺受。即一方要求另一方要听“我”的，这个家是“我”说了算，另一方就会显得低功能来维护家庭和谐，这是一种不平等、不健康的家庭模式。

在这样的结构模式下孩子就会被卷入，为了稳定家庭结构，孩子在无形中成了家庭矛盾的牺牲品。同时倾斜式夫妻关系也容易造成家庭三角关系的存在。

小婉的父亲对孩子成长过程缺乏陪伴和管理，但对其结果却要求极高，并且在有时间陪伴管理孩子的时候，也习惯于采用较为暴力的方式。以上现象，用小婉自己的话来说：“我爸平时不管我的，一旦管我的时候就是打骂我。”小婉的父母在与我沟通时，爸爸也不给妈妈留情面，极为强势。由此，小婉的妈妈就会对女儿更加偏袒护佑，甚至有些打破原则的溺爱。

（三）二孩家庭的姐姐，渴望被关注

小婉生活在二孩家庭，家里还有一个比她小 6 岁的弟弟。小婉爸爸经常带弟弟去上足球课，对弟弟的陪伴更多一些。小婉的钢琴课则是由母亲陪伴。在家里，小婉父母对弟弟也稍显更宠爱一些。

综上,小婉表现出偏差行为一方面是由于其父母从小陪伴与管理的缺失,以及家庭三角关系而产生的父亲格外严格却疏于管理、母亲偏袒护佑,导致孩子利用自己的小聪明做出一些自以为不会被发现的事情,即使被发现也有妈妈兜底。同时,又由于其父母从小陪伴的缺失和弟弟的存在,导致小婉无论是在家庭中还是在学校中都表现出运用各种方式寻求被关注的现象。

四、对策措施

(一)引导父母营造和谐的家庭环境

1. 引导父母双方在孩子面前有商有量,形成合力

对于小婉父母的倾斜性夫妻关系,我决定先改善其夫妻之间的问题。我既委婉又切实地指出小婉父亲的强势、对结果的高要求和小婉母亲对孩子的袒护,引导小婉父母亲之间遇事应互相尊重、多商量,并引导他们面对孩子时要原则一致,形成教育的合力,对两个孩子的关注程度也要相对平衡。

2. 引导父母双方在繁忙的工作之余,多陪伴孩子

父母的陪伴是对孩子最好的教育。父母的关注是孩子自信的底气。孩子的责任、担当、自信心、积极性等都与父母的陪伴相关,不缺失父母陪伴的孩子会更加感受到爱的存在,同样也会用爱去回报他人。在我告诉小婉的父母小学过生日失望的故事后,恰逢她生日,小婉父母安排好工作,当天一起回家为她过了生日,小婉很感动,特意告诉了我。

3. 引导父母不只关注结果,更关注过程

小婉的父母是比较典型的关注结果的家长。我引导他们

不能只关注结果,孩子体会的过程、付出的过程更加重要。父母要参与到这些过程中去,这样才能更好地了解孩子的状况,让孩子对父母更加信服。

(二)展现、沟通、信任

1. 多给小婉展现的机会

小婉有点儿心口不一,明明心里很在意,嘴巴上却说无所谓,行动上又想得到关注。因此,在小婉擅长的钢琴、体育等项目上我多给她展现的机会。同时,小婉的办事能力也很强,我也多培养她担任一些班级职务。可喜的是,小婉认真对待这些事情,积极性越来越高,对待学习的积极性也与日俱增。

2. 多沟通感情,多谈心聊天,多给予信任

作为班主任,我帮助小婉更好地树立内心真正的自信。我经常和小婉聊天谈心,争取做她的朋友。同时,我也更多地让她感受到我对她的信任。

五、经验萃取

(一)家庭关系模式对孩子的影响至关重要

原生家庭对一个人的影响是长期、至关重要的。原生家庭中的夫妻关系是家庭关系的核心,夫妻关系和谐、夫妻合力,方能在孩子教育中取得事半功倍的效果。夫妻之间有商有量,没有明显的高功能和低功能者,可以更好地避免家庭三角关系,增强夫妻的教育合力。同时,父母对孩子的陪伴、期待与爱,是孩子一生的底气和动力。

(二)每个孩子都是有故事的人

每个孩子的表现背后都有其原因,这些原因通常是家庭、

个体、社会等因素综合而形成的。我们遇到不同的孩子首先不要惊诧,不要用你的眼光、你的人生轨迹去判断他人的故事、他人的生活。其次是观察这个孩子身上有哪些表现,有哪些优缺点,再去观察她的家庭,在静观中寻找问题、突破点。同时,我们要本着同理心、捧着一颗真心,真心待人,真心对待每一个家庭、每一个孩子、每一个故事。最后,在做家庭教育指导时,我们要不断尝试各种方法,寻找到合适的方法去解决每一个个性化问题。

(上海市建平实验张江中学　闫晶晶)

51. 家校合力助力孩子健康成长

——"双减"背景下的家庭教育指导案例

一、案例背景

中共中央办公厅、国务院办公厅印发的《关于进一步减轻义务教育阶段学生作业负担和校外培训负担的意见》(以下简称"'双减'政策")牵动着整个教育的发展动向,"双减"政策是为了回归立德树人的教育本原,而家庭教育也承担着立德树人的功能。

"双减"政策实施以来,中小学生校内校外的负担确实有所减轻,具体表现在家庭作业少了,暑假参与补课的学生数量也相对减少。作为学生家长来说,辅导孩子写作业的时间少了,还减少了一大笔补课费支出。照道理说,家长的焦虑应该随着"双减"得到缓解或逐渐消除,但事实上有些家长的焦虑并未减少,甚至有加重的趋势。在新的政策下,家长对孩子的学习都产生了极大的担心和焦虑,也表现出了不适应。

在暑假家访时,我发现班级大部分学生都在教育机构补课。政策发布后,家长就开始接二连三地联系我,一些家长关心开学后学校关于课后服务的安排,对孩子新学期学习表示出担忧。还有一些家长平时不太善于与孩子"和平相处",仍然把孩子放在补课机构或者晚托班,对于孩子有更多在家学习的时间表示担忧,不知道要如何分散孩子的精力。更有甚者,有的家长一方面拍手叫好,另一方面又担心落实不到位,担心会迎来新一轮的"地下"培优。因此,指导家长树立科学育儿观念,理性确定孩子成长预期,形成减负共识,从根本上缓解家长的教育焦虑,帮助家长寻找到科学的家庭教育理念就显得尤为重要。

二、情况分析

我们班级同学小张非常聪明,知识面很广,擅长编程,但是学习自主性不强,上课注意力不集中,学习习惯很差,回家做作业非常拖拉,需要家长时时陪在身边不断督促。小张父母学历很高,对孩子的期望也比较高,还经常会用挑错和贬低当作激励方式,然而孩子自尊心比较强,对这种方式比较排斥,经常会因为学习和父母闹情绪。此外,小张的爷爷奶奶比较宠爱孩子,基本不让他承担家务,结果小张的生活自理能力较差,经常丢三落四,各种作业不带的情况时有发生。后来家长选择送他去补课机构,觉得这样可以解决孩子学习和亲子之间的问题,此后作业质量虽然有了些许改善,但是小张的习惯没有太大改变,学习成绩仍然不理想。"双减"政策实施后,一切又恢复从前,小张父母非常焦虑担心孩子的情况。

针对家长的焦虑,通过交流了解,我发现主要有以下原因。

一是担心孩子未来的社会地位和不确定性。

这是导致家长焦虑的根本原因之一,担心如果孩子学习不好,未来在社会竞争和阶层划分中就会处于不利位置;"双减"之前,为了不让孩子在中考中被淘汰,不惜代价地为孩子报名线上线下学科类的辅导课程,总认为孩子只要参加辅导班就能够顺利考上高中。即使将来孩子没有考上高中,或者没有考上大学,这些家长也不会后悔,因为他们觉得自己尽力了。一些家长根据目前孩子的状态,不太确定孩子未来所能达到的目标。

二是担心"双减"后,学校的教学质量不能提高孩子的升学竞争力。

我们学校是普通公办初级中学,小张同学的家长担心在学校学习的知识比较基础,和民办中学同龄孩子差距较大,在以后的升学中没有竞争力。

三是担心其他孩子"抢跑",自己的孩子被淘汰性分化。

如今校外培训机构很多都停办了,很多家长在想方设法让孩子能多学一点,一些家长担心其他孩子在看不到的地方进行"抢跑",于是自己孩子被淘汰性分化。

三、对策方法

"双减"从外部环境和政策支持上为家长减轻负担和焦虑创造了条件,但家长还需要从突破认知提升能力等内在方面努力,才能从根源上缓解自身的教育焦虑。对此,应首先让家长了解学校应对"双减"所采取的有效举措,增加家长对学校的信任。此外,要指导家长负担起教育责任,优化教育认知,提高教育能力。

（一）家校携手，形成教育合力

"双减"政策之下，小张同学家长对孩子在学校的情况特别关注，因此让家长及时了解孩子的在校表现，看到孩子在朝积极的方向改变，是让家长缓解焦虑很重要的一个方面。因此，我为小张同学建立了成长档案，运用各种互联网平台与其家长保持联系，对孩子在学校和家庭的表现及时进行沟通。我向家长介绍学校对于课后服务的顶层设计，在"双减"政策背景下教师改变课堂教学、优化作业布置、开展课后服务所采取的具体措施，让家长充分了解学校、信任学校，相信孩子在学校期间的教学质量上有一定保障。其次将孩子在校情况及时向家长反馈，家校合力采取相应的措施，及时记录孩子在校的点滴进步并反馈家长，让家长看到孩子的变化。同时，在校期间，我作为班主任也是尽力发现孩子的闪光点，适时对其进行表扬，调动其学习的积极性，有意识地引导他改变自己的不足。

（二）帮助家长缓解过度"望子成龙"的心态，优化家长育儿认知

小张家长焦虑的一个重要原因是对孩子未来不确定性的担忧。作为班主任，让家长明白"初中学业难度猛增，对孩子学习能力的要求大幅提高"，在低年级阶段独立学习，培养高效学习的能力以及好的学习习惯愈显重要。"中学一定要重视课堂效率，寄希望于课后补习是行不通的。'双减'的目的是让学校教育回归正常的教育生态，发挥教育主渠道的作用。"这个阶段的孩子，形成适合自己的有效学习方法和培养诸如抗挫折能力等非智力品质是非常重要的。

班级要召开专题线上家长会,对学生家长进行家庭教育指导,缓解他们的焦虑。小张爸爸认真听讲并且做了笔记,但是行动上没有太大改变。因此,作为班主任,我将小张同学的家长请到学校进行面对面交流,与其共同分析孩子成绩不理想的原因,向其展示班级优秀学生的作业等,总结优秀学生家长关注孩子的养成教育,让其明白小张同学目前成绩不理想的原因就是各方面习惯不好,但是孩子优点也是非常突出的,如果我们只关注孩子的学习,就会忽视他的优点,也会让孩子越来越不自信,学习上越来越累,就会形成恶性循环。这个年龄段很多男孩普遍比较幼稚,自制力不强,所以小张同学的家长和老师就应该让孩子发挥优势,再加以引导。

同时让小张家长明白家庭教育不是等同于陪伴督促孩子学习,而是要用言传身教和生活实践,对孩子进行教育引导,施加积极影响,更多关注孩子品德、科学探索精神和创新意识的培养,以及良好学习习惯、行为习惯、生活习惯的培养。建议家长多学习,树立正确的家庭教育理念,掌握科学的家庭教育方法,为孩子健康成长营造良好家庭环境。

我们适时和小张同学的家长联系,共同分析、达成共识:家长要改变认知,尊重教育规律。教育是长期性的,家长一定要有耐心,尤其是在孩子成长的关键期,孩子有问题是正常现象,家长应该帮助孩子分析原因、解决问题,而不要去把情绪发泄、压力转嫁到孩子身上。渐渐地,小张同学的作业基本能按时上交了,上课也能看见他举手发言了……

(三) 指导家长提高教育艺术,培养孩子的综合素养

当小张同学家长的认知发生改变后,孩子在一天天进步,我在及时肯定家长和孩子的同时,又不失良机对家长进行了相应的指导:如果小张同学在课后服务阶段完成作业的效率高,回家后可以充分利用这段时间发展其学习外的兴趣和爱好,培养其习惯和能力。孩子比较喜欢阅读,回家后可以进行亲子阅读,共同分享读书感想和体会,也可以进行亲子体育锻炼,养成锻炼的习惯。同时,也可以让孩子在家中承担力所能及的家务劳动,培养他的责任感。孩子对编程特别感兴趣,可以每天花一些时间去学习这方面的知识,更多地关注科学探索精神和创新意识的培养,这些都对孩子的健康成长起到积极作用。家庭活动的形式有很多,但是对孩子的安排一定要有规划,在养成良好习惯的同时也培养孩子适应现代社会发展所需要的品格和能力,如适应变化的能力、全球思维、创造性、对竞争压力的意识、参与群体的能力等。

当然,在和孩子交流的方法上,可以尝试换一种沟通方式,用更加平等的方式和他交流,比如建立家庭议会制,让他感受到自己是家庭的小主人,多发现他的优点,以此来鼓励孩子用正确的方式发表自己的想法。

建议小张同学的家长积极参与学校"家长成长营"的课程学习和"家长学校"的培训,改变家庭教育方式,提高教育孩子的能力。"一是保护孩子的能力。孩子面临中高考,一定要了解孩子内心的想法和感受,征求孩子的意见,保护与尊重孩子的发表意见权和参与权。"二是因材施教的能力。"孩子将来在社会上生存靠的是自己的长处,家长要识别孩子的长处、兴趣,帮助他发挥自己的优势。提高因材施教的能力,找到最适合孩子的发展道路,也能减轻不少焦虑。"

四、取得成效

这个学期我与小张同学家长的联系明显增多,基本上每两天都要与家长通电话或发微信,其间还召开过几次家长会。两个多月来,通过不断联系,小张同学家长的焦虑逐渐减少,对学校课后服务比较满意,对学校老师高质量的教学有了信任,对学校建立的家校沟通平台感到满意。同时,家庭教育的方式也多元化了,除了关注孩子学习外,更注重培养孩子的能力,比如劳动教育、体育锻炼、生活技能教育等,营造了比以往更好的家庭氛围和亲子关系。

小张同学也有了较大改变,自从在学校进行课后服务后,在学校能够完成大部分作业,效率大大提高,回家后也能很迅速地完成作业。"双减"后原本家长担心没有补习孩子成绩会有明显的退步,现在恰恰相反,没有补课负担后,小张反而学得轻松了,学习上也有了明显的进步,在家里也主动承担打扫卫生的任务。现在孩子每天也有一定的时间去做他喜欢的事情,如编程,还在比赛中获得了不错的成绩。小张同学的努力有了收获,他更加自信,学习更加主动,上课注意力也更加集中。办公室里我经常会听到其他老师表扬小张的话语:"小张同学开窍了","小张同学像变了个人似的","小张同学会学习了",等等。

五、反思建议

习近平总书记指出,每一个家庭都要承担起"帮助孩子扣好人生的第一粒扣子,迈好人生的第一个台阶"的重担。而在家庭教育中,大部分家长并没有接受过专业系统的家庭教育培训,当家长遇到家庭教育方面的问题,最先能想到的求助对象便是教师。因此,教师能否给予家长专业的指导就显得格外重要。在家校共育中,孩子在学校出现的一些问题,教师也会和家长做及时沟通,沟通的指导思想和具体的方法非常重要,如果教师的家庭教育指导能力偏弱,而家长本身也缺乏基本的家庭教育知识,极易造成本不该发生的悲剧。因此教师在孩子成长过程中,作为家校共育的重要"媒介",自身的家庭教育指导能力对孩子的发展状况起到至关重要的影响。在新的政策下,老师和家长都需要不断学习才能让"双减"真正起到减负的作用,形成以家庭教育为基础、学校教育为基石、社会教育为补充的良性循环和互动的大教育环境。

"每一代人的教育环境都面临不同的困难,但社会仍在千难万险中不断进步发展。"因此,不要局限在当下的困境或迷茫中,眼光要更开阔和更长远,也要对未来更有信心。

(上海市同济初级中学　唐婷婷)

52. 我变成了自己最不喜欢的样子

    小 Z 是一名七年级女生，在重点初中就读。最近小 Z 的妈妈快崩溃了，因为她发现小 Z 变成让她害怕的样子：小 Z 不愿意去学校，整天把自己锁在房间里玩手机；如果手机被没收，她就躺在床上大哭大闹，不吃不喝。妈妈拿她没办法，只得把手机还给她。

    小 Z 妈妈告诉我：上小学时，小 Z 是个非常阳光开朗的女孩，热爱体育运动，虽然成绩中等，但因为性格很好，做事麻利，是老师们比较喜欢的学生。小升初时，小 Z 比较幸运，进入家附近一所比较好的初中。然而，第一学期期中考试后，小 Z 发现，周围的同学都太厉害了：满分 100 分的数学试卷，大家都能取得 80 分以上，甚至少数同学接近满分的成绩，而自己勉强及格。通过交谈才知道，同学们周末一直在外补课，反观自己，每周末都在外面玩，仅有的几项也是兴趣课，比如跆拳道、乒乓球。小 Z 和家长商量后，家长取消了部分兴趣课，给她增加了几项学科补习，玩的时间还是有保证的。

    就这样一年下来，小 Z 的成绩并没有明显起色，而且她的话也越来越少，脸上的笑容也少。渐渐地，小 Z 妈妈经常收到班主任老师的信息：同学投诉小 Z 上课时突然自己笑起来或是大叫；课下对着空气旁若无人地念念有词，甚至睡梦中也大喊大叫；她甚至捉弄同学，偷走同学心爱的水彩笔……小Z显然已经成了教室里的一座"孤岛"，小组讨论时，同学们左右前后结伴，唯有她是孤单一人。小Z在笔记里写道：他们（指同学和老师）都不喜欢我，他们看我的眼神充满鄙夷！我努力将自己变成了我最不喜欢的样子。我再也不要踏入这个让我憎恶的地方（指学校）。

小Z的妈妈很着急，她不明白女儿为什么会变成这样，她是不是得了什么病？她是不是受了什么刺激？她是不是在网上接触了什么不良信息？小Z妈妈想找老师和学校沟通，但又担心会影响女儿的名声和前途。她想找心理医生或者咨询师，但又不知道从哪里开始，而且也担心花费太高。她感到无助和焦虑，觉得她自己是个失败的母亲。

其实，小Z的妈妈并不孤单，像她这样的家长在当今社会有很多。他们的孩子正处于青春期，这是一个生理和心理都会发生巨大变化的时期。青春期的孩子会出现各种情绪和心理问题，比如焦虑、抑郁、自卑、叛逆、依赖、冲动等。这些问题并不意味着孩子有病或者有罪，而是正常发展过程中的一些困惑和挑战。青春期的孩子需要家长、老师和同伴的理解、支持与引导，而不是指责、打压和放弃。

那么，作为家长，我们应该如何帮助我们的孩子呢？这里我给大家提供一些建议。

第一，家校沟通。家长应该主动和学校保持联系，了解孩子在学校的表现、情况和需求。家长也应该积极参与学校组织的家长会、讲座、活动等，增进对学校教育的认识和信任。

同时,家长也应该尊重和支持老师的教育方法与决策,避免在孩子面前对老师进行负面评价或者干涉。当然,如果家长对学校或者老师有意见或者建议,也可以通过适当的渠道和方式表达出来,但要注意语气和态度,避免引起对立和冲突。

第二,心理疏导。家长应该关注孩子的心理状态,及时发现并解决孩子的心理问题。如果孩子出现情绪波动、行为异常、学习困难等状况,家长应该及时与孩子沟通,了解孩子的想法和感受,给予孩子安慰和鼓励。如果家长发现自己无法有效地帮助孩子,或者孩子的问题比较严重,需要专业干预,家长应该寻求心理医生或者咨询师的帮助。现在很多学校都安排有心理辅导室或者心理老师,家长可以先咨询他们的意见和建议。如果需要外部资源,也可以通过网络或者电话找到一些可靠的心理机构或者个人,并且选择合适的服务方式和费用。

第三,同伴支持。家长应该尊重孩子的交友权利,鼓励孩子与同龄人建立良好的关系。同伴是青春期孩子重要的心理支持来源,他们可以给孩子提供友谊、乐趣、认同和帮助。家长应该尽量了解孩子的朋友,与他们保持良好的沟通,给予他们适当的关心和信任。家长也应该支持孩子参与一些有益的集体活动,比如社团、兴趣小组、志愿服务等,让孩子有机会结识更多的朋友,增强孩子的社会技能和自信心。当然,如果家长发现孩子的朋友有不良影响或者行为,也应该及时提醒和干预,避免孩子走上歧途。

第四,家庭支援。家长应该给予孩子一个温暖和谐的家庭环境,让孩子感受到家庭的爱和安全。家长应该尽量多花时间陪伴孩子,与孩子进行有效的沟通,倾听孩子的心声,表达对孩子的关心和期望。家长也应该尊重孩子的个性和选择,给予孩子适当的自由和空间,让孩子有机会独立思考和决策。同时,家长也应该给予孩子一定的规则和纪律,让孩子明白自己的责任和义务,培养孩子的自律和自控能力。此外,家长还应该注意自己的言行举止,给予孩子一个积极和健康的榜样。

总之,青春期是一个充满挑战和机遇的时期,我们作为家长,要用爱心、智慧和耐心来陪伴孩子度过这个重要的阶段。我们要相信我们的孩子有无限的潜能和可能性,只要给予他们正确的引导和支持,他们一定能够成长为我们引以为傲的人。

（上海中学东校　黄再娣）

53. 开展家庭教育指导，助力缓解初中生青春期情绪问题

青春期情绪问题会对青少年的身心健康造成一定的困扰，开展家庭教育指导是帮助青少年缓解青春期情绪问题的重要途径之一。我们以初二学生 M 离家出走后与家长开展的家庭教育指导为案例，探讨开展有效的家庭教育指导，助力缓解初中生青春期情绪问题的策略。

一、案例描述：因厌学和网瘾而离家出走的 M

M 是一名长得白白净净，说话轻声细气的男生，他有着远大的理想，但存在行动力不足的问题。M 喜欢听音乐、看动漫、聊微信、打游戏；对于学习则存在畏难、畏烦、畏累等现象；动作较慢，每天的作业不管多少总是做不完；自控能力和遵纪守规的观念薄弱，晚上经常捧着偷偷带到学校的手机看电影或听歌直到深夜，有时甚至要到两点多钟，导致次日上课经常昏昏欲睡。M 的成绩在入校时虽然薄弱，但学习态度积极，会努力完成学习任务，成绩能跟上班级大队伍。但进入初二以后，M 出现了明显的厌学情绪，成绩掉到了年级末尾，与其他同学的差距越来越大。

M 觉得学校生活枯燥无味，功课负担大，玩乐时间少。在

发现 M 的问题后,我首先与他本人、同学进行了多次交流,做了较为全面的基本情况了解。M 曾问我"为什么要上学","学了有什么用"等问题,我从"如果不读书能做什么""你的兴趣爱好是什么""怎样的生活有意义""每个人不同阶段的责任"等方面入手对他进行了思想上的引导与教育,但效果不佳。于是我请 M 较为信任的班长 Z 同学采取"一帮一"的方式,要求在平时关心陪伴 M,做到经常与他交流,了解他的思想状况并及时向我反馈。

初二下学期的一个周日清晨,我接到了 M 父亲的电话,他告诉我 M 从昨天下午出去到现在还没回家。我当即赶到了 M 家,向家长详细询问 M 出去的时间、这两天在家里的表现是否存在异常等情况,并给 M 的室友及班长打电话了解情况。经过了解,M 在周五放学回家后就上床睡觉,一直到周六中午这段时间里,除了起床吃了几次东西之外,都在睡觉。家长说了他几句,但看他没什么反应也就随便他了,没有在意到他的异常。

此外,我还了解到 M 此前有几次周末在不告知家长的情况下自行离家,和家长说是去书店买书了,家长并没有细究,但从这些蛛丝马迹来看,他是跑到网吧去上网了。

二、情绪问题背后的一大诱因:缺失的家庭教育

在观察到 M 同学出现厌学现象之后,我便通过家校联系单、电话、微信、家访等方式告知家长 M 的情况与表现,但 M 的父母给我的反馈并不多,通常是一句"M 还需努力"之类的话,偶尔主动与我联系,通常也是生病请假、矫正牙齿请假等

事项，极少主动地与我交流 M 的学习、生活、心理情况。

在离家 12 小时后，M 自己回来了。他告诉我，他觉得自己最近在学习上努力了很多，但父母总是不肯定他，还要说他，于是觉得很烦的他就决定吓吓父母，闹出了这一次"离家出走事件"。

通过观察和沟通，我发现 M 父母的年龄要比其他同学家长略大，对孩子较为溺爱，比如因为认为孩子近视严重，在小学时经常替他做作业或默许他少做作业，但对孩子玩游戏等影响视力的行为却欠缺介入引导。M 进入初中后，其父母发现他的成绩有所退步，便对 M 的学业提高了要求，经常出现指责性的交流。从行动上过分的关照与不放手，到言辞上突然的严苛，再加上孩子进入青春期之后产生的叛逆情绪，M 与父母之间便经常出现冲突。

在家访中，我发现 M 的父母在本地没有什么亲朋好友，和邻居也没什么交流，平时社交活动较少，父母的性格都较为沉默寡言，在家里与 M 的交流非常少，呈现出疏离性的家庭关系。

而 M 除了平时在学校与同学交流之外，没有别的同龄或其他可以交流的朋友，每天到家也就是做作业、睡觉、看电视，M 家里没有电脑，有时他会到母亲单位上上网，而网瘾极大的 M 能怎么办呢？他只能偷偷溜出去上网。

三、应对问题的契机：家庭教育指导实践

以此为契机，我与 M 父母通过电话和面谈等方式，开展了顺畅的家庭教育指导。他们也认识到了 M 的心理问题较

大,厌学情绪较严重,而此前的强压或逃避措施都是不行的,必须要重视起来,教育并进行恰当的引导与疏通,对于 M 平时的学习习惯和学习能力要做恰当的引导和培养。此外,父母一定要与孩子有适当的交流,当孩子不愿说话时,一定要警觉起来,转换交流方式引导孩子敞开心扉,并及时与老师联系,咨询相关心理老师,学习科学的解决方法。

很多时候,鼓励比批评更有效,对于不自觉的孩子,有时需要多一点引导而不是多一些指责。另外,M 是个非常敏感的孩子,他不喜欢被迫做一些事,因此他对于家长的一些强制性要求产生反感。我和家长在与 M 的沟通上达成了共识:这种年龄的孩子需要一点成长的空间,他们渴望被尊重、信任、理解,因此家长在与孩子交流的时候首先要让他真切地知道父母是出于关怀的目的。另外,要从孩子感兴趣的地方着手,找到共同话题,增进与孩子的交流。最后,拥有一个健康体魄和健康心理的孩子才是最重要的。目前对 M 的关注可转移到他的人生观、价值观、兴趣爱好、生活生理等方面,给孩子一些自己成长与进步的空间。

除此之外,我还将学校心理辅导室的预约方式及一位从事青少年心理辅导的专家联系方式告知给 M 的父母,他们已经带孩子共同参加了一次心理辅导老师提供的家庭咨询。

通过这一阶段的家庭教育指导,M 父母认识到从小对孩子一些习惯的培养以及心理建设与教育做得不是很好,导致现在出现许多问题,因此他们表示会积极配合学校和老师,希望能够帮助 M 尽快克服这段时期的问题与困难。

据我的观察和任课老师的反映,此后 M 有了一定的进步，上课打瞌睡、开小差的情况少了，晚上不睡觉的情况少了，成绩也有了一些进步。最主要的是，通过与 M 的密切沟通以及家长的反馈，我了解到 M 在心态上比以前少了一些消极，多了一份积极与乐观。

但是对孩子的教育是持续的，这段时间是关键而重要的阶段，我还需要继续坚持家、校、生一体，形成强大合力，助力孩子获得更多可喜的进步。

四、收获：家庭教育指导助力缓解初中生青春期情绪问题

家庭是孩子情感发展和性格形成的关键环境，而家庭教育指导能够提供有效的支持和指导，帮助青少年建立积极的情绪调节能力。

首先，家庭教育指导可以促进家庭氛围的和谐与稳定。青春期是一个充满挑战的阶段，青少年常常面临着身体上的变化、学业压力以及人际关系等多方面带来的困扰。如果家庭环境不稳定或存在矛盾，很容易加剧青少年的情绪困扰。通过开展家庭教育指导，父母可以学习如何有效地与孩子沟通，理解他们的需求，并积极倾听他们的情感表达。这有助于改善家庭氛围，减少家庭内部的紧张和冲突，为青少年创造一个安全、稳定的成长环境。

其次，家庭教育指导可以帮助青少年建立积极的情绪调节能力。青春期是情绪波动较为剧烈的时期，青少年常常面临着情绪的困扰和压力的积累。如果他们缺乏有效的情绪管理方式，就很容易出现焦虑、抑郁等问题。通过家庭教育指

导,父母可以向孩子传授一些情绪调节的技巧和方法,如深呼吸、放松训练、积极思考等。同时,父母还应该以身作则,树立积极乐观的态度,引导孩子学会正确对待挫折和压力,提高他们的情绪适应能力。

最后,家庭教育指导还可以促进亲子关系的发展。在青春期,青少年常常感受到来自外界的不理解和冷漠,这给他们的心理健康带来了隐患。而通过开展家庭教育指导,父母可以主动关注孩子的成长需求,与他们建立起良好的沟通和信任关系。在与孩子的交流中,父母可以倾听他们的意见和想法,并给予合理的支持与鼓励。这有助于增强青少年的自尊心和自信心,促进亲子之间的情感交流和互动。

综上所述,开展家庭教育指导是助力缓解青春期情绪问题的有效途径。通过提供和谐稳定的家庭环境,帮助青少年建立积极的情绪调节能力以及促进亲子关系的发展,家庭教育指导能够为青少年的健康成长提供有力支持。我们应高度重视家庭教育指导的作用,积极推动其在实践中的落地和发展。

（上海中学东校　项　晓）

54. 赢得家长信赖，实现家校共育

苏联教育家苏霍姆林斯基说："没有家庭教育的学校教育和没有学校教育的家庭教育，都不可能完成培养人这样一个极其细微的任务。"在学校教育实施的过程中，如果家长不理解、不支持、不配合，那么教育就很难达到好的效果。如何打破家校间的壁垒成为每一位教育工作者都需要认真思考的问题。

一、案例背景

虽然我接受高等教育长达 7 年之久，但我满脸的稚嫩仍让初次见面的一些家长担心不已。小奇的妈妈就是其中之一。

通过开学前的家访，我了解到小奇在初三时曾因心理压力过大导致神经系统紊乱休学近一年。据此，我认为他是一个敏感、内向的孩子，对他的批评要尽量委婉。但开学几周后，我发现小奇在学校开朗、外向，在课堂上积极与老师互动，课下乐于助人，热心班集体。各科老师都很喜欢他，班上的同学都叫他一声"大哥"。

我也有批评小奇的时候。开学后第一周他的作业完成得不认真,我当众批评了他。课后,我怕他心理敏感,于是私下安慰他。小奇"义正言辞"地说:"老师,我不会不开心。因为您批评得对,我昨天打球回家太累,所以偷懒了。只要是合理的批评,我都能接受。"这次谈话以后,他作业都完成得很好。

到这里,我还是无法将他乐观正气的形象和初中那个因重重压力而休学的学生重叠起来。

但我也发现了一些端倪。每次考试结束,小奇的妈妈永远是第一个私信来问排名的家长。她还提出让我把每天的作业发到家长群,这样方便家长检查孩子作业的完成情况。在我婉拒之后,她又连续几个晚上问我作业是不是某某练习册。甚至有一次在连续几天询问成绩排名无果后,她对我说:"最近孩子都是 6 点才到家,昨天说是去买运动会的东西,今天说是在学校打篮球,不知道是不是真的?我同事说,每天下班路过你们学校门口,老是看到有男女学生在校门口手拉手逗留,我听了很担心。小奇每天作业都很早完成了,不知道他在学校怎么样?大三门成绩如何?"看到这里,我想你也明白了吧?小奇有一个极度焦虑的妈妈,她既不信任自己的孩子,也不信任教师和学校。

开学初的几次考试,小奇都处在班级的中后位,每周五的考试质量分析他都大叫着不让我看成绩。当课堂上谈到父母、亲子关系的话题,他也在发言中透露出妈妈带给他的压力。

如前文所说,对孩子的教育需要家庭教育和学校教育相配合,而家庭教育又是学校教育的基础。如果家长不信任班主任,甚至质疑学校,那么教育将达不到很好的效果。所以,我必须要做出一些努力，走进学生的心灵，在父母面前为孩子"代言"。同时，我更要赢得家长的信赖，实现家校一心，共同促进孩子的成长。

二、案例过程

最好的教育是看不出教育目的的教育。当学生遇到困难或犯了错误时，老师把他叫到办公室，不管老师如何耐心和亲切，学生内心都是防范甚至抵触的。所以我看准小奇值日的那天，趁放学值日的时间去教室，他果然还在那里。

我先关切地问小奇上了高中是不是适应，有没有交到好朋友，睡眠够不够。然后很自然地，我抛出话题："你妈妈似乎很焦虑。"

小奇一反往日的阳光友好，脸上显现了明显的不耐烦，他眉头紧锁，也不看我，也不出一声。

我又问："最近在家亲子关系很紧张吗？"

也许是我的关心让他觉得我值得信任，他向我诉说了他的内心：妈妈最近每天都在说"别人家的孩子"，这让他很反感。"别人家的孩子"和他基础不同、性格不同，他的妈妈却非要拿"别人家的孩子"和他作比较，这让他每天生活在重压之下。他也想要学好，却不知如何去做，所以感到有些焦虑。上周末在家的时候，他一早起来还没吃早饭，他妈妈就在嘀咕他学习很差，不如"别人家的孩子"，他因为心理压力大再加上低血糖晕倒了。

在小奇倾诉的过程中，我一直静静地听着，但心情很复杂，既可怜这个孩子，又感到问题的棘手。我边听边在想如何和小奇的家长沟通。待小奇说完，我便真诚地看着他，告诉他："首先，你要知道你的妈妈是很爱你的，也是因为太爱你才会用错了方法。毕竟她也是第一次当妈妈。我非常理解你，我在高中时，也有同样的困扰。如果遇到困难，你可以把这些事情对老师说，我来替你和妈妈沟通。"这时候，他点点头，对我笑了一下，可能也没想到我会这样说吧。再过几天便是月考后的家长会，他问我可不可以跟她妈妈谈一谈。我答应了，又鼓励了他几句，他便道谢回家了。

很快就到了月考后的家长会，小奇的妈妈留在最后，就为了等到所有家长走了之后能和我聊一聊。她首先愁容满面地表达了对孩子成绩的担忧，接着咄咄逼人地提出：是不是我和小奇年龄差距小，个头还没小奇高，他不当一回事？会不会管不住她的儿子，对小奇太放松了？

我微笑着平静地回应道："小奇上课很认真，作业也在进步。这只是第一次考试，需要家长多给孩子一些耐心。只要学习态度没问题，后面会好的。"为了缓和气氛，她尽量笑着对我说，自己的孩子太贪玩，成绩就是最好的证明，希望我对他严厉一些。我看得出这微笑背后藏着深深的不信任。

我从容地回应道："首先，感谢您把孩子送到我们学校，这说明您对我们学校的信任、对我的信任。既然您有这一份信任，我和所有老师也会全力以赴不辜负您。我当然会做好我的工作，我知道您看我还年轻，所以会有一些疑虑。但我也要告诉您，我是研究生毕业，接受过专业训练，教育您的孩子是没有问题的。您是第一次教育高中生，但我们不是，学校有很多优秀老师，这方面我一直在学习，所有老师也都会教我，所以请您放心。"

我看到小奇妈妈的面色稍稍缓和了，于是"趁胜追击"："其实我们不只是老师和家长的关系，我们也是'同事'关系。"她不禁笑了。

我说："您别笑，我们的教育对象是一样的，我们都有一个共同的愿望——期盼着您的孩子成为有用的人才。家长是孩子的第一位老师，家庭是孩子的第一课堂。教育实践证明：家庭氛围如何，家庭教养如何，很大程度上决定了孩子能否成长成才，也关系着他一生的幸福。从您的话语中我读出您的焦虑，我理解您的苦心，这是您对孩子真正的爱。但您有没有想过，您的焦虑会给孩子造成什么影响？如果您始终把这份焦虑传递出来，小奇只会比您更焦虑。"

我接着说道："我也跟小奇聊过，他提到了您常在家里夸奖'别人家的孩子'，这让他备感压力。其实每个孩子都是独特的个体，是不能这样简单比较的。您可以去探究这些优秀孩子背后的成功方法，看看是否可供小奇借鉴。说方法，永远比简单夸奖'别人家的孩子'更好。对青春期的孩子只能疏，不能堵，我们要真正走进他的心灵，而不只是当他成绩不好的时候，就简单地责怪他。尤其对于所谓的'后进生'，老师和家长都要多一些耐心，我们要一起陪着他成长。"

听了我的话，小奇妈妈深情地拉着我的手，说道："有时候我也会想我对他发脾气是不是不好，但控制脾气太难了。今天听了您的话，我才意识到自己的不足，觉得很对不起孩子。老师，您说得真好。我们是教育的合作者。今后我们一起努力，孩子有任何问题，也请多跟我沟通。"

听了小奇妈妈的话,我感动于她的良苦用心,我又鼓励了几句,表扬她勇于教育反思的品质。最后,我还真心地向她推荐了诸如《做最好的家长》之类关于家庭教育的好书。她立即向我表示回去之后会好好研读,更加支持学校和老师的工作,与我们一起教育孩子。

从此之后,小奇的妈妈便很少再因为孩子学习的问题来找我,而是为孩子创设好沟通渠道,当孩子在家自学时,也能用手机请老师答疑解惑。小奇告诉我,他不再怕看考试成绩了。现在他妈妈会跟他一起分析、总结得失,而不是一味地责怪他。在刚刚结束的期中考试中,小奇出人意料地进入班级前五名,成为我们班进步光荣榜上头名的学生。

三、案例分析

(一) 用学校教育影响家庭教育

班主任要做的工作不仅是教育好学生,还要影响家长。要用正确的教育理念去影响家长,这样更有利于学生的健康成长。班主任可以与家长交流教育子女的经验,也可以通过向家长推荐教育书籍、推送教育公众号、推荐教育讲座等方式,鼓励家长更新自己的教育理念。同时,还要加强沟通与反馈。家长会、家访、通信工具都是班主任与家长沟通交流的平台,班主任还可以指导家庭教育。这些多种多样的形式使老师和家长对学生的了解更全面、更具体,只有这样,教师才能更好地因材施教,家长才能更好地言传身教。

(二) 消除疑虑,赢得家长的信赖

老师不仅课要上得好,还要擅长和各种各样的家长打交

道。家长群体的组成往往非常复杂，这对班主任进行家校联系带来了考验。对于年轻教师来说更是如此。如果不能赢得家长的信赖，"家校合作形成教育合力"就是一句空话。首先，带好班级，带出成绩，是赢得家长信赖的基石。家长最关心的始终是孩子，只有让家长感到满意和放心，他们才会给我们更大的支持。其次，在和家长打交道时，我们需注意身份，善待家长。绝不能居高临下，也切忌陷入被动。在和家长交流时，要始终保持真诚。只要让家长感到你是真心为了孩子好，感到老师的教育目的与家长的愿望是一致的，他们就会愿意配合我们的工作。

（三）学校教育和家庭教育相互配合，形成教育合力，共同帮助孩子成长

争取家长的支持，让他们也参与到学生的教育中来，为孩子创造良好的家庭环境。要形成教育合力，齐抓共管，共同做好学生的教育工作。那么，如何让家长真正参与到孩子的教育之中，让家校合作真正落到实处？我认为，还是要搭建平台。比如，现在很多老师通过电话家访，而不进行面对面的家访。这种家校沟通方式是有弊端的。走到孩子的家里，真诚地和家长来一次面对面的交流，与电话里的三言两语所传递的情感是完全不同的。家校联系的方式还有很多，最终的目的就是一定要让家长的心更贴近学校、理解老师，在教育中浸透着人情味。我们也要积极传递出合作的意愿，在家长群体当中树立"人人都是教育工作者"的理念。

家校合作是孩子健康成长的土壤。赢得家长信赖，家校一心,相互配合,把家校合力的效用发挥到最大,才能为孩子的成长创设一片美好的蓝天。

（上海中学东校　戴昊珂）

55. 对母亲"既爱又怕"的女孩

——一例家庭关系失衡的案例

一、案例概述

小 A 是一名初一女孩,性格文静,学业成绩良好,和班级同学关系一般,曾上过我的选修课。一天,她在微信里给我发了一份录音,录音里是一名女性愤怒的责骂声,声音越来越大,语气越来越严厉,责怪小 A 学习不认真。小 A 表示:"这是我妈妈骂我的声音,我最近很难受,老师,我可以找你聊聊吗?"于是,我与小 A 约了一次线下交流,小 A 同意了。

在交流过程中,小 A 表示自己学业压力很大。母亲经常给她设定高难度的目标,当她努力完成了之后,却得不到表扬,反而会被设定更高的要求,如果完成不了,周末假期就不能画画。而画画是她为数不多的爱好,是重要的情绪宣泄渠道。小 A 知道母亲为她付出了很多,很爱自己,但是她不敢和母亲说心里话,和母亲在一起会有点紧张,生怕自己哪里没做好就被母亲批评。小 A 感觉自己压力很大,又无处宣泄,努力了又达不到要求,感到很无助。

二、分析原因

（一）亲子关系探究

了解了小 A 的困扰之后，我发现她谈话的话题都离不开母亲。

小 A 表示，在印象中，母亲从小一直是用嘲讽、翻旧账的方式教育自己。父亲一开始会阻拦，但是母亲会连着一起骂父亲，后来父亲就不说了，只有在母亲要动手的时候出来阻止。父亲后来的处理办法是离开母亲。小 A 自己也曾想像父亲这样"离家出走"，但是晚上收拾房间时被母亲发现，母亲的反应非常吓人。母亲认为，她自己都是为大家好，为所有人好，但是大家都不要她。

小 A 抱怨了一会儿，又表示母亲大多数情况下都是很好相处的。她自己和母亲也比和父亲亲密，更能说得上话。她们会一起聊天、看电影，母亲甚至很黏人，如果能和小 A 一起睡觉，会很开心。但是每两周母亲的脾气会爆发一次，爆发的点常常是一件很小的事情，然后连带着说一大串母亲看不惯自己的事。如果自己能忍过去，就有一段时间好相处，小 A 也不会记住这件事。但是如果超出自己的忍受极限，小 A 就会很难受。不记得母亲这样骂会骂多长时间，但是小 A 自己觉得时间很长。而在小 A 自己努力达到母亲的要求之后，又会有新的要求出现。

听上去，造成小 A 困扰的是学业压力，而压力源主要是母亲的管教方式和亲子关系。对于青少年来说，他们更需要"并行式的爱"，而不是高压的管束。虽然"爱之深，责之切"，但这种爱不是孩子所需要的。再加上小 A 母亲的情绪多变、易怒，容易给小A带来较强的不安全感。所以小A母女之间呈现出"既爱又怕"的关系。

但这只是母亲的原因吗？带着这个疑惑，我询问了小A一些与家庭相关的问题。小A咬着嘴唇犹豫了一会儿，像是下定了很大的决心，和我聊起了家庭的一些事情。

（二）家庭关系探究

小A说她的父亲经常出差，父母从来不当着她的面吵架，但也很少在一起做事情。

"他们提过离婚，我表示要跟着爸爸，我妈很激动。"一谈到往事，小A的情绪波动较大。小A曾偷看过父母的微信聊天记录，说的都是母亲要抚养权的。在疫情期间，父母之间的交流居然都要通过小A来中转。小A曾明确地和母亲说，让母亲自己给父亲发消息，母亲大哭，就是不肯答应。

家庭教育的整体观理论认为，家庭教育的问题不是家庭中某个人的问题，是整个家庭系统的问题。夫妻关系和父母关系是家庭系统的核心，是家庭功能的关键。在小A的家庭关系中，呈现出"三角化"的特点。"三角化"关系是指，家庭成员间两人间的冲突通过转移或者结盟的方式将第三方拉入冲突性关系，两个人的问题变成了三个人的问题。

而"三角化"关系中最常见的第三方是孩子。在小A的案例中，其父母关系冲突、疏离，父亲长时间游离于家庭之外，母亲的注意力极大程度地转向孩子，寻求孩子的支持来代偿夫妻关系中的不满足。小A母亲一方面对孩子寄予厚望，弥补自己在夫妻关系中的失望，苛责孩子的学业；另一方面，她本该和丈夫表达、宣泄的情绪情感也转移到孩子身上。小A承担了超出她能力范围的情感寄托,影响了她和母亲的亲密关系。

处在"三角化"关系当中的孩子会感到紧张、矛盾,卷入家庭纷争之中,会出现一系列的情绪行为问题,容易引发身心疾病。幸运的是,小A及时发现了自己情绪的异常,愿意寻求外在帮助,完善她自己的社会支持系统。

三、家庭教育指导

家庭教育指导的整体观原则强调要将孩子出现的"问题"系统化,从家庭整体做出适应性改变,而不是仅仅改变和教育孩子个体。因此,在征得小A的同意后,我主动邀请小A的父母在周五接孩子回家时来校交流。小A的父母很快答应了,可见他们对孩子的关心和重视,这是良好的家庭资源。在这次交谈中,我主要做了以下这些努力。

第一,遵循中立态度,提供情感支持。要避免卷入家庭的关系性冲突中,尤其是避免站在某一方试图让其他人改变。对家庭系统中的每个成员均要保持同等程度的理解、共情、建议、教育和指导。在谈话过程中鼓励家长表达自己的想法,与之共情。呈现家庭关系的特点,但不做评判。在谈话过程中,小A母亲越来越坦诚,倾诉了自己养育孩子时的压力,小A父亲也表达了自己的愧疚和不安。

第二,分享理论知识。和谐平等的夫妻关系是良好家庭功能的关键,但中国式家长容易将亲子关系放在第一位,过度的关注反而加剧了孩子的心理压力。如果希望小A健康成长,小A父亲需要承担"丈夫"的角色,多陪伴、支持妻子,才能真正减缓母女之间的冲突。而小A母亲需要一个除了孩子之外的倾诉空间，为自己减压，才能更理性、从容地面对孩子。

另外，未成年人家庭中的亲子关系具有倾斜性，即孩子获得的权益要大于付出，孩子对父母具有依赖性，父母具有照料孩子的责任和义务。"融洽"的内涵是父母要在理解、尊重上多做一些工作，避免强调孩子对父母的理解和支持。而小 A 在充当父母"传声筒"和"情绪垃圾桶"的时候，在努力完成母亲的过高期待时，恰恰承担了其超过未成年人的责任，所以才会无助、难过，她需要父母的支持而不是指责。

第三，引导父母用欣赏的目光开展家庭教育。在家校沟通的最后，我布置了一个作业，请小 A 父母回家找出小 A 的 10 个优点，多鼓励、肯定孩子。小 A 父母表示配合，愿意做出改变。

在后续的跟进工作中，我了解到，小 A 的父母增加了家庭活动的次数，每两周会一起出游或看电影。小 A 开心地表示，父亲最近经常回家，父母两人还会一起出去散步，所以母亲对自己的"监视"变少了，发火的"火力"也小了很多。小 A 自己现在也能和母亲聊点小秘密。谈到一开始提到的学业压力，小 A 表示，自己虽然还会为考试感到紧张，但是可以通过一些情绪调节方法缓解，信心似乎回来了。

通过小 A 的案例，我深刻地理解了家庭教育指导中的"整体观"原则和"三角化"理论。青少年面临的困扰离不开其家庭背景和家人之间的关系，不能"头痛医头，脚痛医脚"，要多了解学生所处的家庭环境，调动家庭的资源，鼓励家庭成员一起合作，一起做出改变，才能事半功倍。

（上海中学东校　江融融）